LETTRES DIPLOMATIQUES

COUP D'ŒIL SUR L'EUROPE

AU LENDEMAIN DE LA GUERRE

FRANCE — GRANDE-BRETAGNE — RUSSIE
TURQUIE — AUTRICHE-HONGRIE — ITALIE
ALLEMAGNE

PAR

L'AUTEUR DES LETTRES MILITAIRES

PARIS
HENRI PLON, IMPRIMEUR-ÉDITEUR
RUE GARANCIÈRE, 10

1872

LETTRES DIPLOMATIQUES

PARIS. — TYPOGRAPHIE DE HENRI PLON, RUE GARANCIÈRE, 8.

LETTRES DIPLOMATIQUES

COUP D'OEIL SUR L'EUROPE

AU LENDEMAIN DE LA GUERRE

FRANCE — GRANDE-BRETAGNE — RUSSIE
TURQUIE — AUTRICHE-HONGRIE — ITALIE
ALLEMAGNE

PAR

L'AUTEUR DES LETTRES MILITAIRES
Publiées dans le *Temps* pendant le siége

PARIS
HENRI PLON, IMPRIMEUR-ÉDITEUR
10, RUE GARANCIÈRE

1872

Au moment où la France, au lendemain de ses terribles épreuves, reprenait en quelque sorte conscience d'elle-même et renouait avec l'Europe les rapports réguliers de sa diplomatie, je crus utile d'exposer brièvement, telle qu'elle m'apparaissait, la situation des principales puissances, dans ce qui a trait surtout à la politique extérieure.

Je publiai alors dans le *Temps* une série de lettres diplomatiques.

Aujourd'hui je réunis ces lettres en un volume, et je leur souhaite un peu de la bienveillance qui accueillit, il y a un an, les *Lettres militaires* que j'écrivais dans le même journal.

T. C. C.

Paris, 1er novembre 1871.

LETTRES DIPLOMATIQUES

PREMIÈRE LETTRE.

FRANCE.

La France se relèvera-t-elle?

La question est permise après tant de désastres.

Pour moi, je crois à l'intense vitalité de mon pays, malgré bien des preuves de sénilité pourtant chez les hommes et dans les institutions! Mais les uns se remplacent et les autres peuvent être changées. Je pense, du reste, que le sort de la France est entre les propres mains de ses enfants; car, suivant l'éternelle parole de la justice et de l'Évangile, il sera accordé à chacun selon ses mérites : *Aide-toi, le ciel t'aidera!* Telle doit être aujourd'hui la devise du pays et celle de chacun de nous.

Cette intense vitalité que je reconnais à la France, j'en trouve, entre autres, la preuve dans ceci : Il y a eu chez nous, depuis quatre-vingts ans, cinq grandes révolutions, 1789, 1815, 1830, 1848, 1870. Rien de plus perturbateur que de tels ébranlements pour l'économie gouvernementale et sociale; eh bien! après chacune de ces révolutions, la France a pu développer aux yeux du monde une très-vigoureuse et parfois très-redoutable puissance, soit par les armes, soit dans les travaux de l'intelligence, dans la production industrielle et agricole, par ses finances et son commerce. Une nation qui fait preuve d'une telle élasticité peut revenir de loin; mais il faut dire en même temps que ces secousses répétées pourraient finir par détruire le système nerveux et réagissant du pays, et par amener sa ruine; il est donc urgent que la France s'établisse dans un solide état de choses.

Trois grandes questions en suspens semblent s'opposer en ce moment à ce que la nation reprenne son assiette définitive :

La question de la forme du gouvernement,

La question religieuse,

La question sociale.

Je sais qu'elles résument tout le débat de ces quatre-vingts années; mais jamais, à mon sens, elles n'ont été plus mûres qu'aujourd'hui pour une solution.

Le conflit sur la forme du gouvernement n'affecte que la *question du fonctionnement du pouvoir exécutif*. Aucun parti, aucune opinion ne contestent que la nation ne doive faire ses affaires elle-même au moyen d'assemblées élues. Le pouvoir législatif des Chambres et les libertés nécessaires qui en sont la conséquence ne sont pas en question ; il n'y a de débat que sur ce point : le pouvoir exécutif sera-t-il héréditaire ou temporaire? Or, la France paraît devoir s'en remettre de cette solution à l'avenir, et elle s'en tient aujourd'hui au *statu quo*. Celui-ci n'est pas contradictoire avec une République ayant un président héréditaire, comme M. Thiers, aux applaudissements de la droite elle-même, a qualifié la seule monarchie possible de nos jours ; le *statu quo* n'est pas davantage en opposition avec une monarchie constitutionnelle de deux Chambres et d'un chef électif et temporaire, comme on peut qualifier la République. Laissons donc au temps le soin de trancher cette question, qui n'est rien auprès du redressement de nos mœurs politiques, et appliquons-nous à créer celles-ci sous l'égide du *statu quo*, qui y donne toutes facilités.

La question religieuse implique le renouvellement de l'homme intérieur, la restauration de la vie morale, si étrangement troublée dans ces dernières époques, le rétablissement de la vie de famille et de la vie privée dans leurs lignes de devoir, de droit et de simplicité.

Celui qui méconnaîtrait la part d'influence de l'action religieuse pour obtenir ces résultats serait sans portée dans l'esprit; mais celui qui ne sentirait pas que cette influence ne peut plus exister qu'aux conditions de la liberté de l'Église et de son détachement absolu du pouvoir politique, serait bien ignorant de l'état des intelligences et des âmes, spécialement dans notre pays. Oui, la parole religieuse ne retrouvera son autorité et n'aura de pouvoir réellement et largement moralisateur que si l'Eglise est *non-seulement en dehors de l'État, mais encore si elle s'abstient volontairement, devenue libre, de constituer un parti politique, et si elle s'applique à répandre sur la société entière un esprit de justice, de vertu et de fraternité.*

La question sociale peut également être en un instant dégagée de tout vague et de toute utopie quant à ce qui est du rôle des pouvoirs politiques à son égard.

Le gouvernement n'a à se faire ni professeur de doctrines économiques, ni entrepreneur du bonheur public; mais son devoir et son droit sont de se préoccuper des conditions de l'ordre dans la société qui lui confie le soin de le maintenir. A ce titre, l'État, aujourd'hui, n'a pas à rechercher si, un jour à venir, le travailleur pourra disposer directement du capital nécessaire : il n'a à envisager qu'une chose, c'est d'aider, au besoin par des mesures législatives, à approcher le plus possible de ce résultat : *que tout individu travaillant évite la misère provenant du chômage, de la maladie, de la vieillesse.*

Des institutions de crédit populaire, des avances, des caisses de retraite, des institutions hospitalières, voilà les moyens à la portée de l'État.

A côté de cela, le pain moral à ces populations de travailleurs, c'est-à-dire :

1° *L'éducation et l'instruction assurées à leurs enfants* par la gratuité la plus large. Et comme c'est ici autant un puissant intérêt qu'un devoir pour la société, j'opine sans hésiter pour l'instruction primaire obligatoire ;

2° Des cours d'adultes nombreux et entendus de manière à stimuler l'intérêt, à exciter le zèle et l'émulation.

En dehors de cette action gouvernementale, l'initiative privée et la science économique, librement interrogée et appliquée en se conformant aux lois, apporteront leur concours aux solutions cherchées, lesquelles, on ne saurait trop le dire, *ne sont ni la richesse, ni les jouissances oisives à procurer aux masses, mais un travail rémunérateur et une vie intellectuelle et morale à leur assurer.*

Enfin, ce sera à un esprit de bienveillance mutuelle et d'intelligente solidarité à rapprocher les classes que sépare la fortune ou la position.

Si une grande majorité de citoyens acceptait ces points de vue et partait désormais de ces données, modestes peut-être, mais nettes, claires, pratiques et suffisantes, je crois, pour ramener la première santé dans le corps social, les pouvoirs politiques pourraient se vouer à la réorganisation des grands services publics, sans que rien vînt entraver leur tâche, et la France, redevenue conservatrice et restée libérale, se trouverait en peu de temps aussi affermie au dedans que capable d'influence au dehors.

L'influence extérieure, autant que la prospérité intérieure, donne la mesure de la force et de la vitalité d'un grand peuple. Je voudrais donc jeter aussi un coup d'œil sur ce qui peut nous faire rapidement reprendre notre place légitime dans le conseil des nations.

La place de la France dans le monde ne pourrait rester vide ou occupée avec effacement sans qu'il en résultât une altération irrémédiable de cette loi d'équilibre qui restera la pierre angulaire du vrai droit international en Europe. L'équilibre, en effet, entre les races et les peuples, comme entre les individus, est la garantie des biens suprêmes de la sécurité et de la liberté. Dès que fut ouvert le cercle de fer qui, pendant cinq mois, avait étreint la France, il fut aisé de constater dans la communauté européenne un désir sincère de voir notre pays se relever de ses ruines et reprendre son influence. Si la Russie, liée à la Prusse, ne manifesta pas publiquement ses impressions à cet égard, l'Angleterre et l'Autriche-Hongrie les accentuèrent nettement. Il dépend de la France de faire de ces vœux une réalité prochaine.

Pour cela, en même temps qu'elle affermira son organisation intérieure, il faut qu'elle reprenne les vraies traditions et les grandes inspirations de sa diplomatie.

Jamais elle ne fut à même de parcourir sa voie plus libre d'engagements, plus dégagée de reconnaissance. Qu'elle raye donc désormais de son programme extérieur toute politique de *sentiment* ou de *propagande*, et qu'elle n'ait en vue que les intérêts nationaux et leur accord avec la justice, qui est toujours un bon guide, et qu'une nation se repent tôt ou tard de n'avoir pas écoutée.

Quatre grandes questions européennes appellent l'attention des hommes d'Etat :

La question allemande.

La question d'Orient,

La question slave,

La question romaine.

Cette dernière, dans l'ordre politique, paraît résolue par les faits, au moment où l'empereur d'Autriche-Hongrie, majesté *apostolique*, est le premier à donner l'ordre à son représentant à Florence de suivre le roi d'Italie à Rome.

La France n'est pas impliquée immédiatement et directement dans la question slave; celle-ci, d'ailleurs, paraît sommeiller en ce moment; la France peut attendre, observer, et s'inspirer des circonstances. Mais c'est aux deux questions que j'ai citées les premières que sa diplomatie doit apporter toute son attention.

La question allemande a aujourd'hui deux faces, qu'un ministre des affaires étrangères devra étudier avec une vigilance de toutes les minutes ; la face intérieure et spécialement allemande, où il y aura à apprécier le plus ou moins de tendance de l'Allemagne à accepter l'hégémonie prussienne; la face extérieure et presque française, qui consiste dans la situation de l'Alsace-Lorraine. Que de tact ici sera nécessaire! Avoir pour but de reprendre son bien avec l'adhésion de l'Allemagne, au besoin, malgré elle; prouver en même temps, non-seulement *par des raisons, mais par des faits*, à cette nation, que, bien qu'en dise M. de Bismarck dans ses discours historiques, la France n'est pas son ennemie-née, qu'elle ne l'a pas éternellement menacée dans le passé, et qu'elle ne la menace pas forcément dans l'avenir; cela est possible avec beaucoup de suite et d'organisation chez nous, beaucoup de raison et de bonne foi dans notre politique vis-à-vis de l'Allemagne.

En même temps que la reconstitution du territoire doit être la principale visée de notre action au dehors, la seconde grande tâche de notre diplomatie est, selon moi, *de tourner sa plus grande activité vers l'Orient.* Il y a là des mondes à conquérir à la civilisation, et un débouché capable de fournir pour des centaines d'années à l'expansion des principales nations de l'Europe. Pour la France en particulier, quel magnifique terrain ouvert à sa politique, à son esprit assimilateur! Quelle large perspective pour la reconstitution de son plus beau passé colonial!

J'entrerai ici dans quelques détails.

Les moyens de jouer un rôle digne de nous dans ces contrées seraient surtout ceux-ci :

En premier lieu, un ambassadeur de solide étoffe à Constantinople, non pas simplement un homme distingué et de talent, mais un homme tout à fait supérieur, d'initiative, de ressources, qui occupât vingt ans la place avant d'y recevoir le successeur qui le continuerait;

Puis, des agents parfaitement choisis sous ses ordres dans tous les postes consulaires d'Orient; comme conséquence, la refonte du service du drogmanat, qui se lie à la réorganisation de tout le personnel des affaires étrangères, laquelle réorganisation est urgente.

Ensuite, la prise en intelligente considération de cette vérité : qu'il faut agir sur les peuples orientaux par le prestige extérieur et par la démonstration matérielle de sa puissance. En conséquence, d'une part, conserver toujours aux agents français les moyens de tenir leur rang au moins à l'égal des agents des nations rivales ; d'autre part, ne déployer les instruments d'action de notre influence ou de protection de nos intérêts, comme la marine, par exemple, que dans des conditions dignes d'un grand peuple. Quel cœur français n'a pas saigné de voir pendant vingt ans, dans les Échelles, cette *poussière navale* à qui l'on faisait promener péniblement, de rade en rade, le pavillon national ! Qui ne se souvient avec amertume de bâtiments tels que la *Zénobie*, la *Renommée* battant pavillon de contre-amiral, du *Héron*, du *Prométhée*, de la *Sentinelle* et de tant d'autres misérables navires aussi mauvais pour le combat que pitoyables pour la marche? Les mers du Levant ne devraient-elles pas être le vrai champ d'évolutions de notre escadre de la Méditerranée, et notre politique et nos finances ne trouveraient-elles pas également leur compte à ce qu'elle employât chaque année sa campagne d'été à y montrer notre pavillon?

Enfin, une politique qui, sans exclure notre antique patronage chrétien en Orient, s'abstiendra d'en faire l'étiquette principale de notre diplomatie, sous peine de lui retirer 90 pour 100 de sa force; une politique laïque, la seule que comporte l'Orient; une politique juste et impartiale entre tous les cultes, qui prendrait pour base cette vérité : que ce ne seront pas des prédications religieuses, auxquelles l'Orient a toujours été réfractaire, mais que ce seront les bienfaits visibles d'un gouvernement équitable et ferme, d'une administration active et probe, d'une législation civile régulière et d'une justice intègre; que ce seront, dis-je, ces bienfaits inconnus à l'Orient et à lui procurés par l'intervention plus ou moins directe de l'Europe, qui pourront seuls, concurremment avec le développement d'une action commerciale, industrielle et agricole, donner à l'Europe sur l'Asie l'influence qui rendra possible et justifiera la colonisation de ces contrées.

Telles m'apparaissent les grandes lignes de notre politique étrangère, tandis que son principe supérieur doit redevenir cette juste maxime de l'équilibre, qui fit la grandeur de notre nation et la force de sa diplomatie avec Henri IV, Richelieu et Mazarin.

Dix ans sont certes un court espace dans la vie d'un peuple! Eh bien, j'ai la confiance que, si nous savons en user virilement, ce laps de temps sera suffisant pour montrer la France refaite au dedans, refaite sur ses frontières d'hier, et redevenue aussi prospère et aussi respectée qu'aux plus belles époques de son histoire.

Il n'y a rien d'impossible à un pays qui prend pour guide la Justice, et qui sait mettre à sa tête des hommes de valeur et d'intelligence.

15 juin 1871.

DEUXIÈME LETTRE.

GRANDE-BRETAGNE.

Dès le début de la guerre de 1870, le sentiment général en Angleterre avait condamné la folle agression de l'Empire; pendant la première partie de la lutte, ce sentiment fut unanime contre nous. Même après Sedan, il ne changea pas aussi rapidement qu'on l'a cru, bien qu'un courant en notre faveur se soit dessiné alors de l'autre côté du détroit. Le cabinet Gladstone resta froidement spectateur de nos désastres, gêné sans doute par la déclaration de la circulaire de M. Jules Favre; mais, peut-être aussi, influencé plus qu'il n'eût été convenable à un ministre anglais par les sympathies prussiennes de la reine Victoria et de la famille royale. Il est remarquable que, dans un pays et sous un régime qui soustrait si complétement la chose publique aux personnes royales, celles-ci puissent encore exercer parfois sur les affaires une influence qui prend son point de départ dans des sentiments d'un ordre tout personnel et plus ou moins d'accord avec les intérêts du pays!

Si la sympathie de l'Angleterre, acquise d'abord à l'Allemagne, changea de côté pendant le siége de Paris, nos voisins ne nous en donnèrent pourtant que des preuves stériles; ils l'exprimèrent plutôt par quelques actes de bienfaisance que par aucune démonstration politique sérieuse au moment des préliminaires de Versailles. Enfin, pendant le règne de la Commune et depuis, le ton général de la presse anglaise a été dépourvu de bienveillance et souvent de justice à l'égard du gouvernement de la France.

Sans rendre en rien le Foreign-Office solidaire de ces allures, il y a lieu de croire que la politique anglaise est assez sérieusement désorientée en face de la situation présente. Pendant seize ans, l'Angleterre n'a eu qu'une alliance réelle, la nôtre, et aujourd'hui, quand elle envisage ses relations avec la France, que peut-elle constater, sinon que les dix mois qui viennent de s'écouler ont rompu net les traditions de ces seize années? L'alliance, bien qu'altérée, surtout depuis 1860 et l'annexion de la Savoie, se résumait toujours néanmoins, pour l'Angleterre, dans ces deux faits capitaux : une entente commune à Constantinople, d'ou étaient sortis la campagne de Crimée et le traité de Paris de 1856, qui la rassurait sur ses intérêts d'Orient, et un accord sur le terrain économique qui avait eu pour conséquence le traité de commerce de 1860, favorable à l'écoulement des produits de l'Angleterre et au développement de son industrie. Aujourd'hui, elle trouve le premier de ces résultats détruit, et le second grandement menacé par suite de nos désastres; et elle a en outre, peut-être, le sentiment intime que, dans l'adoption de sa politique future, la France se sentira singulièrement dégagée d'esprit et de cœur vis-à-vis de son ancienne alliée. Il y a là évidemment matière à recueillement pour les hommes d'État britanniques.

Le fait le plus sensible à l'Angleterre dans les événements de ces derniers mois a certainement été l'abrogation des clauses principales du traité de Paris. On sait comment les choses se sont passées. La Russie, mettant à profit une occasion unique, déclarait tout bonnement, en novembre dernier, qu'à l'avenir elle ne se regarderait plus comme liée par les stipulations du traité de 1856 relatives à la neutralisation de la mer Noire, et qu'elle reprenait sa liberté d'action quant à l'accroissement de ses forces navales, de ses fortifications de terre et de ses arsenaux dans cette mer; elle engageait en même temps le Sultan à user également de la sienne à cet égard. Après la Turquie, l'Angleterre était la première atteinte par cette déclaration. Mais que faire? La guerre? Si c'eût été une question de vaisseaux, à la bonne heure; mais pour combattre la Russie il faut des armées de soldats; — les compagnons d'armes de l'Alma, d'Inkermann, de Sébastopol n'étaient plus là; ils achevaient de succomber sous Paris et sur la Loire : l'Angleterre dut passer sous le joug.

Ce fut sans doute une amère humiliation pour ses hommes d'État de n'avoir à opposer à une si hautaine attaque que la manifestation de ce désir modeste : que cette suppression cavalière d'un engagement européen fût enregistrée par-devant un congrès. La Prusse, avec un empressement un peu ironique peut-être, s'entremit pour la satisfaction de ce désir. L'Angleterre voulut au moins sauver les principes pour l'avenir, et elle fit reconnaître par la conférence, dans la séance du 17 janvier 1871, « qu'au-« cune puissance ne peut se libérer des en-« gagements d'un traité, ni en modifier les « stipulations qu'avec le consentement for-« mel de toutes les parties contractantes, et « au moyen d'un arrangement amiable, » déclaration estimable, mais purement platonique; car ou est la sanction de pareils arrêts? Par le fait, le traité de Londres du 13 mars 1871, qui accordait toutes les demandes de la Russie, a été pour l'Angleterre la plus sérieuse défaite diplomatique qu'elle ait subie depuis de longues années. La solidarité humaine n'est pas vraie seulement pour les individus, elle l'est aussi pour les nations.

Après avoir vu disparaître ainsi le plus sérieux résultat politique de l'alliance française, la Grande-Bretagne a eu presque aussitôt à concevoir des inquiétudes sur l'assiette de ses rapports économiques avec nous, chose grave pour une nation aussi essentiellement industrielle et commerçante. Je n'ai pas à examiner ici jusqu'à quel point le régime protectionniste rentrera ou non dans les lois économiques de la France; mais il est bien certain que la présence de M. Thiers à la tête du gouvernement, et de M. Pouyer-Quertier au ministère des finances, autorisait des alarmes que sont venues justifier, dans une certaine mesure, les propositions d'élévation des tarifs douaniers sur les matières premières, notamment sur les textiles. Des matières premières aux produits fabriqués, la pente est menaçante ; les manufactures de soieries de nos voisins seraient bien atteintes si ces perspectives se vérifiaient; l'industrie anglaise s'est émue, et lord Granville a reçu plus d'une députation à ce sujet.

Au moment ou les bases de sa principale alliance continentale sont ainsi ébranlées, l'Angleterre envisage-t-elle en Europe ou ailleurs quelque autre solide point d'appui? Je n'en vois pas. En Europe, c'est avec l'Autriche qu'elle serait le plus portée à s'entendre; mais l'Autriche est loin, et, en outre, les hommes d'État anglais savent à quels embarras intérieurs elle est en proie, et combien il lui faut encore reprendre d'aplomb avant de redevenir une utile alliée.

Ce n'est ni auprès de l'empire russe, son compétiteur en Orient, ni auprès du nouvel empire d'Allemagne, que des obligations trop récentes lient étroitement au premier, que l'Angleterre pourrait chercher son point d'appui.

Quant à la Turquie, elle est un embarras plus qu'un aide.

Enfin, de l'autre côté de l'Atlantique, l'Angleterre a toujours un danger présent dans les États-Unis, qui menacent le Canada, et qui exigent le règlement de la question de l'*Alabama* sur des bases tout à leur convenance.

Et maintenant, si nous portons nos regards sur la situation intérieure du Royaume-Uni, nous voyons qu'elle mérite également de sérieuses réflexions. En Irlande, une agitation constante qui nécessite la suspension de l'*habeas corpus;* dans la Grande Bretagne, la crise sociale latente; des manifestations ouvrières pleines de menaces, des meetings sympathisant avec tous les principes de la Commune de Paris et en glorifiant les actes.

En présence de cette situation incertaine

au dehors, troublée au dedans, après avoir assisté à l'enseignement de la dernière guerre, le gouvernement anglais a été amené à songer sérieusement à la préservation du pays.

Le cabinet Gladstone a proposé une loi de réorganisation de l'armée britannique, où l'on va toucher à un des piliers de la Constitution, l'achat des grades, qui maintenait les forces militaires entre les mains de l'aristocratie et de la haute bourgeoisie. La marine, qui sera toujours le principal bouclier de l'Angleterre, n'a pas besoin d'augmentation ni de réformes, et pourtant il est, au point de vue maritime, deux questions qui préoccupent les esprits de l'autre côté de la Manche : celle de l'abolition des lettres de marque et celle de la non-saisie des marchandises ennemies à bord d'un navire neutre. On a demandé, au nom de l'intérêt britannique, l'abrogation de ces deux clauses de la déclaration de Paris de 1856.

On comprend peu l'importance que l'Angleterre attacherait à voir rétablir la course : la guerre de corsaire lui a toujours été plus nuisible qu'avantageuse, témoin les guerres maritimes de la République et de l'Empire, où son commerce eut tant à souffrir de ce chef.

L'exemple de ce qui s'est passé, lors de la lutte de la sécession aux États-Unis, n'a fait que rajeunir cette leçon que l'Angleterre semble méconnaître, à savoir : que la guerre de course nuit, avant tout, à la nation qui a le commerce le plus étendu et le plus grand nombre de navires marchands.

Cette proposition du rétablissement des lettres de marque, en temps de guerre, n'a pas été du reste jusqu'ici officiellement formulée, tandis que plusieurs membres de la Chambre des lords se sont fait les interprètes du vœu que l'Angleterre ne se regardât pas comme liée par la déclaration de Paris, qui proclame insaisissable la propriété ennemie sur un vaisseau neutre. Le comte Granville a dû répondre aux lords Denbigh, Cowper et Malmesbury, que l'Angleterre ne pouvait renier la signature de son représentant au bas de la déclaration en question, ni songer à rompre un engagement quand le *danger* le lui conseillerait. Il aurait pu ajouter que le procédé préconisé par les nobles lords eût été un bien prompt démenti au principe que la Grande-Bretagne avait si solennellement fait enregistrer par la conférence de Londres, dans sa première séance du 17 janvier 1871. Quoi qu'il en soit, ce retour à de vieilles traditions foncièrement anglaises et aux errements de l'époque de Pitt, est un indice notable des inquiétudes du pays.

Ce qui me paraît ressortir comme fait principal de l'examen qui précède, c'est que l'Angleterre a été, après la France, la nation la plus atteinte par la guerre qui vient de finir, bien qu'elle n'y ait dépensé ni un homme, ni un écu. Elle se retrouve en effet menacée en Orient par le succès diplomatique de la Russie, très inquiétée du côté des États-Unis, obligée à la refonte de ses institutions militaires, opération plus délicate pour elle que pour les nations continentales, et enfin dépourvue d'alliances sérieuses au dehors. Or, l'influence extérieure de la Grande-Bretagne exige qu'elle ait un puissant allié parmi les nations militaires de l'Europe; elle ne l'a pas, et elle doit se rendre compte que l'alliance française, brisée dans ses gages matériels, sinon dans son esprit moral, est aujourd'hui à refaire.

24 juin 1871.

TROISIÈME LETTRE.

RUSSIE.

J'ai exposé, dans ma dernière lettre, la situation de l'Angleterre au point de vue de la politique extérieure; j'essayerai aujourd'hui d'en faire autant pour la Russie.

Que ce soit par suite d'un traité secret plus ou moins formel, ou par tout autre procédé d'entente, il est hors de doute que, dès le début et pendant toute la durée de la guerre de 1870, la Prusse a eu la certitude entière qu'aucun obstacle à ses desseins ne lui viendrait de la Russie, mais que celle-ci, au contraire, serait prête à lui prêter son aide, si une autre nation cherchait à intervenir dans la lutte de l'Allemagne avec la France. La confirmation de ce fait se trouverait au besoin dans le télégramme que, dans un élan de reconnaissance, l'empereur Guillaume envoyait au Czar au mois de mars dernier. Il l'y remerciait, en effet, d'une attitude « qui avait rendu possible l'action de toutes les forces de l'Allemagne contre la France, service que lui n'oublierait jamais. » Il est difficile d'être plus explicite, et je ne serais pas étonné que le prince de Bismarck n'ait éprouvé quelque contrariété de voir, en cette circonstance, son souverain si publiquement démonstratif.

Le compliment, du reste, était mérité.

C'est bien, en effet, à l'attitude de la Russie que la Prusse a dû de pouvoir pousser ses succès jusqu'au bout et ses exigences jusqu'aux dernières limites. Il est à croire que le souvenir de la guerre de Crimée n'a pas été étranger à la conduite d'Alexandre II envers la France, mais la situation permettait à la Russie plus encore que la satisfaction d'un sentiment de rancune ou d'un besoin de revanche ; la Russie pouvait en tirer un profit plus direct et plus positif ; elle l'entrevit, et, pendant que la Prusse la vengeait d'un de ses ennemis de 1854, elle se prépara à frapper elle-même les deux autres.

On se rappelle comment, dans les dernières semaines de 1870, une circulaire du prince Gortschakoff vint tout à coup déclarer à l'Europe en général, et plus spécialement à la Turquie et à l'Angleterre, que la Russie se regardait désormais comme dégagée, en ce qui concernait la neutralité de la mer Noire, des stipulations du traité de Paris de 1856 ; lequel traité d'ailleurs, disait cette circulaire, était déjà devenu caduc dans plusieurs de ses dispositions. La Russie recouvrait donc la liberté d'action que lui avaient ravie les articles 11, 13 et 14 dudit traité, en limitant ses arsenaux, ses fortifications et sa marine de guerre dans la mer Noire, et elle invitait le Sultan à reprendre aussi toute la sienne.

Certes le procédé était hautain, mais la Russie avait bien jugé le moment : la Turquie ne pouvait lui résister, et, seule, l'Angleterre n'était en mesure de rien faire. L'absence de la France détruisait toute possibilité d'une action européenne efficace en Orient. Tout ce que put faire le cabinet de Londres pour couvrir une retraite inévitable, ce fut d'obtenir que la Russie fît légaliser par un congrès la violation du droit international qu'elle avait si hardiment commise. Le cabinet de Saint-Pétersbourg se prêta volontiers à cette formalité, et le traité de Londres du 13 mars 1871 donna satisfaction à toutes ses demandes. En fait, c'était le déchirement du traité de 1856 et la disparition de toutes les garanties que les puissances occidentales n'avaient pas cru payer trop cher au prix de la guerre de Crimée.

Il y a eu là, il ne faut pas s'y tromper, un immense succès pour la Russie, une grande revanche nationale, et le czar a voulu en accentuer davantage encore le caractère aux yeux de ses sujets, en présentant cette réintégration de l'ancienne situation de la Russie sur l'Euxin comme effectuée par sa volonté propre et en dehors du *consensus* de l'Europe. On n'a pas assez remarqué qu'en annonçant, dans le *Journal officiel* de Saint-Pétersbourg, la ratification du traité du 13 mars, le gouvernement du Czar en a présenté les termes comme s'il s'était agi d'un instrument diplomatique rédigé entre la Russie et la Turquie seules, sans aucune mention du concours de l'Europe.

L'empereur Alexandre savait qu'il touchait là une fibre particulièrement sensible à l'orgueil moscovite; car la marche en avant contre la Turquie est, avec l'idée panslaviste, et peut-être même à un degré plus puissant, le mobile vraiment national de la politique extérieure de la Russie. Comme tendances panslavistes, il y a, d'ailleurs, à Saint-Pétersbourg, sinon temps d'arrêt, du moins attitude expectante. Rien n'est venu démontrer, dans les derniers mois, une action prononcée à cet égard vis-à-vis de la puissance qui, après la Russie, régit sous ses lois le plus grand nombre de Slaves; M. de Beust le constatait lui-même hier encore devant le Reichsrath. L'effort de la campagne a porté tout entier sur le vieil objectif de Stamboul, contre lequel, depuis six à sept années surtout, ceux qui connaissent l'Orient savaient bien que le cabinet de

Saint-Pétersbourg concentrait ses moyens et préparait ses batteries.

C'est que la Russie est un des deux ou trois pays qui ont *une politique* et qui la suivent à travers toutes les circonstances. Elle maintient ses traditions non-seulement dans l'esprit qui préside à ses actes, mais encore dans les instruments qu'elle emploie. Parmi ceux-ci, il faut compter le personnel spécial qu'elle entretient pour l'Orient et dont, surtout en ce qui est de la Turquie d'Europe, elle se préoccupe plus sérieusement que les autres puissances. Ainsi, il y a au ministère des affaires étrangères, à Saint-Pétersbourg, une direction orientale qui tient d'une main ferme tout le réseau de la politique et des intérêts russes en Orient, et dont le chef et ses principaux collaborateurs se recrutent parmi les agents qui ont fait un long séjour dans ces contrées et qui s'y sont distingués.

En outre, la Russie maintient longtemps ses ambassadeurs à Constantinople. Celui qui l'y représente en ce moment, le général Ignatieff, homme de très-réelle valeur, y est depuis huit ans. Enfin la Russie a dans toute la Turquie des consuls actifs, zélés, qu'elle tient en haleine par des récompenses et des avancements intelligemment accordés. Elle n'attend pas, pour leur donner des postes élevés, que l'âge ait glacé chez eux l'activité si indispensable à un agent d'Orient, ou qu'un long oubli les ait rendus indifférents à leur propre carrière. Les agents russes avancent vite et très-jeunes; tous n'ont pas des connaissances profondes, mais tous ont l'aptitude des langues, le sentiment de l'intérêt national, et on n'a pas tué en eux le zèle en leur répétant sottement une parole mal comprise de M. de Talleyrand.

Mais ce n'est pas à cette organisation,

sinon parfaite, du moins intelligente, que la Russie borne ses moyens d'action en Orient, elle y dispose encore d'un autre et puissant levier pour ses vues d'ambition, je veux parler de l'esprit de race et de l'esprit religieux, auxquels elle peut s'adresser parmi des populations bien plus nombreuses qu'aucune des autres puissances qu'elle rencontre sur ce terrain. De l'un et de l'autre chef, elle a pour clients, sans compter les Roumains qui se classent à part, les Serbes, les Monténégrins, les Bulgares, les Grecs et les Arméniens orthodoxes répandus dans tout l'empire ottoman, quelque chose comme sept millions d'individus. — Aucune nation européenne ne peut présenter un pareil contingent de coreligionnaires [1]; et c'est

[1] Ce ne sera pas la France, en tout cas, avec les trois à quatre cent mille catholiques latins que renferme tout l'empire turc.

pourquoi *toute puissance qui voudra, en Orient, porter sa politique sur le terrain des questions de race et de religion, s'y trouvera toujours infiniment plus faible que la Russie.*

La communauté de race et celle de religion se réunissent pour assurer à la Russie la sympathie active des Serbes et des Monténégrins. Mais ce sentiment est-il produit par le désir d'être rangé sous les lois du gouvernement de Saint-Pétersbourg? Nullement. Cette sympathie a pour mobile unique la crainte des Turcs ou d'autres dominateurs voisins, et l'espoir de braver le joug des premiers et d'éviter celui des seconds, *par l'aide de la Russie.* Si donc, par un autre moyen, ces deux peuples se trouvaient assurés contre ces risques, il est à croire que l'influence russe perdrait sa principale raison d'être. Mais, en attendant, comme les Serbes et les Monténégrins ont toujours vu dans l'empire russe leur appui le plus sérieux, c'est à lui qu'ils appartiennent, et c'est lui qui y trouvera des soldats à l'occasion, car ces populations sont guerrières, et la Serbie a une petite armée.

La communauté de religion relie seule à la Russie la grande majorité de ses clients orientaux : Bulgares, Grecs et Arméniens. Mais là encore il faut se bien rendre compte de cette tendance. Elle ne provient pas du besoin de se soustraire à une persécution religieuse, qui ne s'exerce nulle part en Turquie; elle a sa source dans la nécessité, pour les raias chrétiens, de compter sur un protecteur quelconque en dehors du gouvernement turc, contre ce gouvernement lui-même, irrégulier dans ses agissements, partial dans sa législation civile empruntée à l'ordre religieux, besogneux, servi par des fonctionnaires souvent ignorants ou prévaricateurs. Or les communautés chrétiennes d'Orient avaient jusqu'ici pour seuls chefs les hauts membres de leur clergé. A qui s'adresseront ces évêques ou archimandrites, ces prélats de religion grecque, pour solliciter un appui en faveur de leur *nation*, comme on appelle en Turquie le groupe qui professe une même foi chrétienne? Évidemment à une puissance grecque de religion. Et voilà ce qui a donné à la Russie ses sept millions de clients: d'une part, le mauvais gouvernement du Sultan, et, de l'autre, la prédominance de l'élément religieux dans la direction civile des communautés raïas. Ces prêtres, en effet, étant le canal par où passe la protection, bénéficient comme influence, et souvent d'une façon plus matérielle, de leur situation; on conçoit qu'ils y tiennent.

En revanche, les populations aiment généralement peu ce clergé simoniaque, élevé au dehors, plus russe et parfois, quand il y trouve son intérêt, plus turc que national, et elles sont disposées à secouer sa direction, témoin le mouvement bulgare dans le sens d'une Église indigène. Si donc, d'une part, le gouvernement dans ces contrées devenait régulier, moderne, équitable, et passait aux mains d'honnêtes administrateurs; si, d'autre part, le mouvement déjà bien prononcé qui tend à donner aux laïques la direction civile des communautés, se généralisait, l'appui extérieur demandé à la Russie par ces populations perdrait sa raison d'être. Ajoutons que ses clients de l'ordre religieux n'offriraient pas à cette puissance le même point d'appui que les premiers; ce sont des populations très-peu militaires, sans organisation ni force d'action.

On voit les ressources politiques dont la

Russie dispose en Orient; elles sont considérables. Je ne crois pas toutefois qu'elles lui paraissent suffisantes, et qu'elle voulût se lancer dans une entreprise à fond contre la Turquie, sans s'être pourvue d'une grande alliance européenne. Elle a celle de la Prusse, je le sais, mais, en Orient, cette alliance est négative, c'est un blanc-seing pour la Russie; ce n'est pas et ne saurait être une communauté d'action, le terrain étant inaccessible à la Prusse et l'Allemagne y étant très-secondairement intéressée. La Russie cherchera donc à nouer une alliance effective [1]. Avec qui? Il est incontestable que

[1] Je ne compte pas comme suffisante l'alliance, assurée à la Russie, du petit royaume de Grèce. Si je dis qu'elle lui est assurée, ce n'est pas qu'il y ait une indissoluble adhérence entre les deux pays; car si la Russie soutient et choie une Grèce faible, elle n'entendrait pas volontiers parler d'un royaume hellénique fortement constitué et pouvant balancer son influence dans la pénin-

la Russie a en Orient le droit d'une action utile et d'une ambition légitime. Les accusera-t-elle dans un sens qui permette à d'autres de les reconnaître?

En tout cas, il ne faut pas se laisser prendre au dépourvu. En 1870, le gouvernement du Czar a dû regretter la précipitation des événements; il n'avait pas pensé que l'explosion dût arriver de quelque temps, et son état de guerre était incomplet; sans quoi la Russie eût probablement marché de l'avant. Aujourd'hui, elle est dans d'autres conditions. Elle a gagné d'ailleurs un point capital, elle a le champ libre dans la mer Noire et peut y préparer à l'aise les plus grands moyens. Elle pos-

sule des Balkans. La Grèce, qui n'est pas sotte, le sait bien; mais comme ce qu'il y a de fondé et de possible dans ses aspirations d'agrandissement n'a jamais reçu d'appui que de la Russie, elle serait prête à répondre à son appel.

sède tous les éléments d'une puissante flotte de transport; elle ne les a jamais perdus, du reste, car depuis 1856 elle avait entretenu, dans un but évidemment plus politique que commercial, une compagnie de navigation russe dans le Levant, compagnie que la subvention reçue du gouvernement suffisait à faire vivre. Les équipages se composaient de marins de l'État, les commandants et lieutenants étaient des officiers de la marine de guerre; j'ai vu un contre-amiral commander un de ces paquebots. On pense que ce personnel doit être familier avec toutes les côtes, les passages, les escales de la mer Noire, du Bosphore et des mers du Levant. De plus, la Russie a réorganisé son armée, refait son armement, refondu son artillerie; elle a une immense force matérielle à mettre en ligne. Enfin elle a une grande liberté d'action pour sa politique, et l'Europe est bien disloquée.

Je le répète, ne nous laissons pas prendre au dépourvu ; les hommes politiques doivent savoir que *tout arrive.*

16 juillet 1871.

QUATRIÈME LETTRE.

TURQUIE.

J'aborde aujourd'hui l'examen de la situation de l'empire ottoman, dont les destinées, depuis longtemps déjà, figurent au premier rang des préoccupations de l'Europe. Jamais ces préoccupations ne furent plus fondées, jamais les efforts de l'Europe pour les éloigner et en atténuer, sinon en détruire les causes, ne furent plus légitimes.

En effet, en dehors de ces principes supérieurs d'ordre et de justice, à la sauvegarde desquels les nations civilisées ne peuvent rester indifférentes, et qui ne leur permettraient pas d'assister impassibles à la misère progressive et à la ruine d'immenses contrées, patrimoine commun de la civilisation; en dehors même, dis-je, de cet ordre d'idées, qui a sa haute place dans la politique internationale, il est des considérations plus immédiates et de droit plus strict, qui justifient l'attentive surveillance de l'Europe à l'égard de ce qui se passe en Turquie : ces considérations sont celles qui reposent sur la protection d'intérêts nationaux et sur le maintien de l'équilibre.

Les raisons qui plaident pour la conservation de l'équilibre en Orient n'ont pas besoin d'être longuement démontrées; on envisage d'ici le résultat de catastrophes qui livreraient ces contrées à l'anarchie et à de sanglants désordres, ou de celles qui feraient tomber le Bosphore aux mains de la puissance russe, et laisseraient le flot slave se répandre dans la Méditerranée et envelopper l'Europe occidentale. Ce fut pour parer à une telle éventualité qu'il y a dix-sept ans nous fîmes la guerre de Crimée, guerre qu'ont pu critiquer des politiques à courte vue, mais qui fut nécessaire, juste et utile.

L'autre motif de l'action de l'Europe en Orient, c'est la protection de ses nationaux, et il a une portée considérable. Les Européens ont dans ces pays des intérêts de tout ordre : leurs colonies comptent par vingtaines de mille âmes dans les grands centres, comme Constantinople, Smyrne, Alexandrie, le Caire; dans cent autres villes du Levant, elles sont importantes; le commerce étranger y a mille attaches; des établissements religieux et d'instruction, placés sous la protection directe de l'Europe, sont répandus dans tout l'empire; les exploitations agricoles, et surtout industrielles, appartenant à des Européens, y sont déjà nombreuses, et plus d'une est revêtue d'un caractère d'utilité publique, comme les chemins de fer de la Turquie d'Europe, ceux du vilaïet d'Aïdin, les quais de Smyrne, la route de Beyrouth à Damas, etc., etc. Enfin, et ce n'est pas la moindre de ces considérations, les capitaux européens se sont largement répandus en Turquie et y constituent à peu près exclusivement le fonds de la dette extérieure.

Ainsi, les intérêts les plus complexes, les plus sérieux, les plus étendus, se réunissent pour exiger de la part des puissances européennes la plus attentive vigilance.

Cette vigilance, elles l'exercent d'une

façon toute particulière à l'Orient, dans des conditions bien plus strictes qu'en pays de chrétienté, et la raison en est dans la situation également spéciale et particulière de la société musulmane et de son gouvernement.

Le gouvernement turc, en effet, régit ses sujets par des procédés et des lois qui ne donneraient pas aux Européens des garanties suffisantes de sécurité et de justice; ses procédés gouvernementaux sont connus : c'était hier l'arbitraire sanglant; c'est aujourd'hui l'insouciance et le désordre. Quant aux lois civiles, elles émanent du Coran, et ne peuvent régir qu'une société musulmane. Les Européens ont donc dû, pour vivre en Turquie, être protégés d'une manière spéciale, et des traités formels (et non pas, comme la politique turque voudrait le faire accroire, de simples concessions par firmans) ont établi en notre faveur, sous le nom de *capitulations*, un ensemble de garanties qui peuvent se résumer par un seul mot : l'*exterritorialité*. C'est en vertu de ce principe que les Européens, sur le sol ottoman, conservent, d'une manière générale, leurs lois, leurs magistrats et leurs juridictions propres.

En même temps que, par suite de l'abîme qui sépare les institutions des deux groupes chrétiens et mahométans, l'Europe obtenait ces priviléges pour ceux de ses nationaux fixés au Levant, elle acquérait, par la force des choses, une sorte de tutelle sur les agissements de la Porte. En voici la cause. La Turquie comprend une grande diversité de races et de communions religieuses que la race prépondérante et gouvernante n'a ni su ni voulu fondre en un seul corps de nation. La domination a été conservée au seul élément turc, pendant qu'on faisait de millions de chrétiens, sous le nom de *raïas*, une population asservie, dépourvue de tout droit politique, exclue de la propriété, et obligée de se racheter journellement, en quelque sorte, de la mort et de la ruine, qui, vis-à-vis d'elle, n'était pas crime, mais œuvre agréable à Dieu. Telle fut la base de l'établissement musulman en Europe il y a quatre siècles, et si aujourd'hui, dans les endroits peuplés et accessibles, ces sentiments ont cédé à l'influence de la civilisation et aux efforts régénérateurs de sultans et d'hommes politiques turcs, ils restent encore le fond de l'esprit musulman, et président, dans plus d'une localité de l'intérieur, aux rapports réciproques des deux races. J'en appellerais au besoin à tous ceux qui connaissent un peu sérieusement l'Orient. Or, de cet état de choses naissent de constants accidents qui donnent accès à l'ambition des uns, et nécessitent l'intervention des autres.

De là la nécessité d'une attentive vigilance et de fréquents conseils adressés par la diplomatie européenne aux grands vizirs et fonctionnaires de la Porte.

Pendant assez longtemps, les sultans et leurs ministres comprirent que l'intérêt de l'empire ottoman était au moins pour moitié dans cette sorte d'intervention de l'Europe, particulièrement quand elle venait des puissances occidentales; ils sentaient, en même temps, les grands avantages que la Turquie tirait de la résidence sur son sol de nombreuses colonies européennes donnant l'essor au commerce et par conséquent à la production de ces contrées, ce qui permettait, par suite, de tirer des producteurs, sous forme d'impôts, une bonne partie de leur gain. — Il n'était donc pas question de repousser les conseils de l'Europe, ni de menacer l'existence des Capitulations.

Dans ces derniers temps, tout cela a changé. Depuis 1856 particulièrement, c'est-à-dire depuis qu'elle a été sauvée par l'intervention de l'Europe, la Turquie, menée par deux ou trois de ses hommes d'État, semble avoir pris en profonde aversion les immunités qui sauvegardent les colonies étrangères et les conseils plus ou moins directs que l'Europe croit devoir lui donner. Fuad-Pacha et Aali-Pacha ont été les deux plus éminents et plus habiles représentants de cette hostilité, qui paraît puiser sa source dans un orgueil mal inspiré, peut-être aussi dans un sentiment de patriotisme ; mais, en tout cas, de patriotisme qui se fourvoie.

Ayant pu voir en 1854 que l'Europe occidentale voulait avant tout en Orient la conservation de la Turquie, et qu'elle avait fait un dogme de l'intégrité de l'empire ottoman, Aali, Fuad et les hommes de leur école se dirent que, quoi qu'elle fît, on soutiendrait la Porte; que, de peur de l'ébranler, on ne la soumettrait ni à de sérieuses interventions intérieures ni à de trop fortes menaces, et ils pensèrent logiquement à user des bénéfices de cette situation.

L'unique préoccupation de la politique turque fut dès lors de secouer la tutelle de l'Europe, et, dès 1856, dans le congrès de Paris, l'attitude et les paroles d'Aali-Pacha indiquaient que la campagne était commencée dans ce but. Il accusa nommément les Capitulations. Une série de faits suivirent dans la même direction. Il est impossible de les examiner en détail, ce serait faire l'histoire de la Turquie depuis seize ans; qu'il me suffise de citer au courant de la plume l'affaire de Djeddah, où l'Angleterre et la France mirent deux ans à avoir justice de deux des nombreux assassins qui s'étaient couverts du sang de leurs consuls; les massacres de Syrie, où l'intervention française fut si lestement jouée par Fuad-Pacha; les affaires de Servie, du Monténégro, de Crète, qui furent toutes conduites avec la même préoccupation d'écarter la tutelle et l'intervention de l'Europe. En même temps, on menait une attaque en règle contre les Capitulations, qui ne furent peut-être pas assez défendues par leurs soutiens naturels. — Par bonne foi, les gouvernements, la France en particulier, accordèrent des modifications qui portèrent atteinte à l'autorité de ces pactes, auxquels on ne doit toucher qu'*en présence de garanties acquises*.

Le point d'appui des ministres du Sultan était dans l'article 9 du traité de Paris de 1856. Cet article, après avoir pris acte de la publication du hatti-humaïoun, disait: « Les puissances contractantes constatent la haute valeur de cette communication. Il est bien entendu qu'elle ne saurait, en aucun cas, donner auxdites puissances le droit de s'immiscer, soit collectivement, soit séparément, dans les rapports de S. M. le Sultan avec ses sujets, ni dans l'administration intérieure de son empire. »

Notre admission dans le concert européen, disait Aali-Pacha, ne serait pas réelle, si la Turquie ne jouissait pas, comme toute autre puissance, de la plénitude de son indépendance.

Fort bien; vous aviez été admis dans le concert européen, mais sous condition, vous le savez bien. Voici comment les choses s'étaient passées; rétablissons la vraie physionomie du débat.

Quand, en 1854, la France et l'Angleterre étaient venues sauver la Turquie, elles avaient vu immédiatement, et cela ne demandait qu'un peu d'étude, que leur succès serait vain pour l'avenir, si l'empire ottoman ne changeait pas d'allures, s'il ne se réformait pas. Ces puissances se rendaient compte, *de visu*, que le fameux hatti-schérif de Gulhané, don de joyeux avénement d'Abdul-Medjid, était resté lettre morte. Elles voulurent un nouvel et solennel engagement de procéder aux réformes. Il fut donné dans le hatti-humaïoun de 1856, œuvre de la diplomatie européenne de Constantinople, et, plus particulièrement, de lord Stratford Redcliffe, un des rares ambassadeurs qui aient connu la Turquie, les Turcs et la politique qui convient à leur égard.

Les réformes indiquées dans le hatti-humaïoun impliquaient la création d'un État selon les principes modernes, avec la prévoyance dans le gouvernement, la régularité dans l'administration, une justice basée sur des lois civiles et non religieuses, et rendue impartialement; l'égalité des sujets, la liberté des cultes et la répartition équitable des impôts. Ce petit code civilisateur appliqué, c'eût été la Turquie devenue viable, ce que désirait l'Europe, car la Turquie viable, c'était la question d'Orient débarrassée de ses plus redoutables éventualités. Ce n'est qu'en prévision et en échange de ces résultats que la Turquie était admise au bénéfice du concert européen. A-t-elle exécuté les clauses du contrat pour en réclamer les avantages? C'est ce que j'examinerai dans ma prochaine lettre.

25 juillet 1871.

CINQUIÈME LETTRE.

TURQUIE (suite).

J'ai exposé comment la constitution de l'empire ottoman, l'antagonisme de race et de culte de ses populations, qu'il n'a ni su ni voulu fondre en un corps de nation, ses lois, ses procédés de gouvernement avaient créé à l'Europe, dans l'intérêt de ses nationaux comme dans celui de l'équilibre général, l'obligation d'une surveillance active et d'une sorte de tutelle à l'égard de cet empire. — J'ai ajouté que, depuis une quinzaine d'années, les hommes d'État turcs avaient eu pour principal objectif de se débarrasser de cette tutelle, invoquant pour la repousser l'admission de la Turquie dans le concert européen en 1856, et revendiquant en faveur de cette puissance la liberté d'allure qui caractérise les grands États indépendants. J'ai dit que l'admission de l'empire ottoman dans le concert des nations n'avait pu être que conditionnelle, que l'Europe ne l'avait accordée qu'en échange de réformes sérieuses. Ces réformes ont-elles été opérées jusqu'à présent? Toute la question est là.

Théoriquement et historiquement, la Turquie est une monarchie absolue et despotique; mais, en fait, le pouvoir, depuis un certain nombre d'années déjà, y réside dans une oligarchie ministérielle conduite par un grand vizir, qui peut bien être modifiée de temps à autre par des caprices de palais et de harem, mais qui conserve en définitive, à travers tous ces incidents, la direction de la machine gouvernementale. On peut dire que depuis quinze ans cette direction a surtout reposé sur deux personnages, Fuad-Pacha, aujourd'hui mort, et

Aali-Pacha, souffrant et fatigué[1]; si ce dernier venait à manquer, je ne vois personne en Turquie qui fût capable de prendre son héritage.

Tout État se révèle à ses nationaux et au dehors par un certain nombre de services publics dont l'accomplissement est nécessaire à la vie sociale : tels sont l'administration proprement dite, la justice, l'armée et la marine, l'éducation et l'intruction, les travaux publics, les finances. Avant de les passer en revue, je dirai deux mots de la population.

Sur ses vingt-deux millions de sujets, le Sultan compte huit millions de tributaires (Roumains, Serbes et Monténégrins, Égyptiens) qui s'administrent eux-mêmes, et, dans le reste, sept millions de musulmans contre

[1] Mort depuis la date de cette lettre.

un nombre égal de chrétiens. En dehors de la religion, voici les traits caractéristiques de ces deux groupes : le musulman est fier, digne, toujours fanatique, dans quelque position qu'il se trouve et eût-il été élevé vingt ans à Paris ou à Londres ; peu ouvert d'esprit, généralement réfractaire au progrès. Le chrétien est humble, peu franc et peu brave, sauf d'honorables exceptions ; la cause en est probablement la longue sujétion sous laquelle il a vécu et qui lui a donné les défauts de l'esclave ; il est intelligent, industrieux et suffisamment accessible à la civilisation.

La population musulmane décroît de jour en jour ; on l'attribue à la façon dont y est comprise la vie de famille, et au recrutement militaire qui pèse exclusivement sur elle ; les chrétiens sont, au contraire, en progression numérique marquée ; la race grecque est particulièrement féconde.

Les deux populations sont plus indolentes qu'énergiques, faciles à conduire et dociles à l'impulsion de toute autorité. Ni dans l'une ni dans l'autre ne se rencontrent *réunies* les qualités de commandement, d'intelligence, de prévision et d'activité qui constituent la capacité gouvernementale d'une nation. J'ajouterai que la notion de l'intérêt social et général leur est étrangère.

Abordons maintenant les services publics.

Administration. — Il n'y a pas d'apprentissage administratif en Turquie; la faveur, le caprice créent les fonctionnaires, les avancent, les déplacent et les destituent. De là plusieurs conséquences. Les fonctionnaires sont trop souvent ignorants de leurs fonctions, et soumis à toutes sortes d'influences: en première ligne, à celle de l'argent, ou des *bakchichs;* c'est, avec l'insouciance, la plaie du fonctionnarisme de tout ordre. Cette prévarication a des causes tangibles; en premier lieu, il y a le pli pris dès longtemps, et on ne remonte pas facilement le cours des habitudes d'un peuple et d'une classe; ensuite il y a, en quelque sorte, force des choses. Ainsi, le fonctionnaire est mal payé, et on lui doit souvent huit, dix et quatorze mois d'arriéré; puis il n'a aucune garantie contre une destitution subite; enfin, il n'existe pas de traitement de retraite pour lui, ni d'institutions qui puissent en faire l'office. La nature humaine n'est pas parfaite, et il n'est pas étonnant qu'avec de tels vices d'administration, les fonctionnaires en Turquie soient très-fréquemment prévaricateurs.

Une loi de 1867 devait remédier à ces abus et réaliser les engagements pris dans le hatti-humaïoun de 1856, en instituant dans les *vilaïets*, *sandjaks* et *cazas* [1] des conseils administratifs, où l'élection ferait entrer en nombre égal des chrétiens et des musulmans, et garantirait, disait-on, à la fois, le principe d'égalité de tous les sujets du Sultan et la bonne gestion des affaires publiques.

Une analyse point par point de la loi dite des *vilaïets* n'entre pas dans mon cadre ; mais je donnerai une idée de ce que vaut cette loi au point de vue des franchises électorales et de l'égalité des sujets du Sultan.

Le procédé électoral consiste en ceci : cinq fonctionnaires *musulmans* et un ou deux chefs de communions non musulmanes (chrétiens ou israélites) dressent sur tant de mille contribuables une liste de

[1] Provinces, départements et arrondissements.

neuf personnes, et la présentent auxdits contribuables, qui ont le droit, sur ces neuf noms, d'en désigner plus particulièrement *six*. Ces six noms sont envoyés, selon le cas, au gouverneur du vilaïet ou du sandjak, et ce haut fonctionnaire en biffe trois et conserve les trois qui lui conviennent le mieux pour les faire siéger au conseil, où ils doivent le contrôler. Voilà pour l'élection. Je n'affaiblirai l'exposé de ce procédé par aucun commentaire.

Maintenant, comme composition, les conseils administratifs présentent les éléments suivants : *huit* musulmans, dont cinq membres fonctionnaires et trois membres élus; *cinq* non musulmans, dont trois membres élus, comme on vient de le voir, et deux membres permanents, chefs religieux, qui plus d'une fois sont aussi inféodés à l'autorité que les fonctionnaires eux-mêmes.

En résumé, l'élément musulman reste comme autrefois *absolument dominateur* dans l'administration, *à tous les degrés*. Seulement, autrefois, cette suprématie ne reposait que sur le fait; aujourd'hui, elle est établie par une loi.

Justice. Il n'y a point, en Turquie, de code écrit des lois civiles; il y a le Coran, une loi religieuse, nullement précise, avec des inductions vagues et des commentaires contradictoires. C'est le cadi qui applique cette loi religieuse ou *chériat* qui n'admet que les preuves orales; il faut, devant lui, tout prouver par deux témoins; or, l'Orient est la patrie du faux témoignage. En outre, le témoignage des chrétiens n'est pas admis par le chériat; on voit quelles garanties cette législation offre à la moitié de la population de l'empire.

A côté du tribunal du cadi ou *mekkémé*,

il y a, il est vrai, des tribunaux d'origine récente, dits *tidjarets,* qui prononcent sur certaines causes (pas sur toutes) entre musulmans et chrétiens, et dans les contestations commerciales, et qui appliquent des lois d'ordre civil. Mais, d'une part, les juges sont élus dans les mêmes conditions que les membres des conseils administratifs; c'est dire qu'ils n'offrent que bien rarement des conditions d'indépendance ; d'autre part, il n'y a pas d'école ni d'apprentissage pour la magistrature, et les juges ignorent les lois quatre-vingt-dix fois sur cent. Je pourrais citer telle circonstance dans laquelle un ministre, à Constantinople, présidant un haut tribunal dans une question de commerce, appliquait à la saisie une législation ancienne, tandis qu'une loi, datant de trois ou quatre années à peine, avait réglé à nouveau la matière, ce dont ni le mimaître ni aucun des juges ne paraissait se douter.

Ajoutons qu'il n'y a pas de jurisprudence en Turquie, et que les juges, peu ou point payés, y sont trop souvent accessibles à la corruption.

Ainsi point de garanties suffisantes, ni dans les lois, ni dans le personnel chargé de les appliquer; j'en pourrais multiplier les exemples au civil et au criminel. Pour ce qui est de ce dernier point, combien n'ai-je pas vu échouer, même avec l'appui consulaire, de poursuites ayant trait au meurtre d'un chrétien par un musulman. Les massacres de Syrie de 1860 en offrirent, sur une large échelle, un mémorable exemple.

On pense bien que tant que les choses resteront ainsi les Européens ne seront pas tentés de profiter de l'accession à la propriété qui leur est offerte en Turquie, à condition d'accepter la juridiction ottomane.

Armée et marine. Le fond de l'armée turque, le soldat, est excellent : vigoureux, sobre, patient, brave, avec moins d'élan toutefois que de constance. Bien conduits, les fantassins turcs seraient d'admirables troupes; mais leurs chefs, à de rares exceptions, sont absolument au-dessous de leur tâche, ignorants, ou, trop souvent même, méprisables. L'artillerie manœuvre mieux qu'elle ne tire; la cavalerie est tout à fait médiocre; il n'y a ni services administratifs, ni train d'armée. Dans les fournitures et tout ce qui se rapporte à l'entretien du soldat, la concussion se donne large carrière. Le recrutement est également une source de profits frauduleux et d'iniquités chez les officiers qui en sont chargés.

La garde impériale et les quatre corps de l'armée turque active ne dépassent pas un effectif de 110 à 120,000 hommes. La réserve (rédifs) peut porter ce chiffre à plus du double ; il n'y a d'ailleurs de règles bien précises dans le temps de service, ni pour l'une, ni pour l'autre catégorie.

Tout ce qu'il y a d'organisé dans cet important service est dû aux missions militaires européennes qui se sont succédé en Turquie, à celles de la France et de la Prusse en particulier.

On sait que le recrutement n'a pas encore été étendu aux chrétiens, malgré les promesses du hatti-humaïoun. La question d'application est délicate, il faut le reconnaître, étant donnée surtout la base purement musulmane du gouvernement.

La marine turque a un assez beau matériel, une douzaine de navires cuirassés dont quatre très-belles frégates [1]; mais les matelots ne valent pas les soldats de terre (le Turc n'est pas marin), et le personnel dirigeant est inférieur encore à celui de l'armée. On a peut-être chance d'obtenir quelques résultats meilleurs si l'école navale de Kalchi, fondée par Hobart-Pacha avec des professeurs européens, vient à réussir. Pour le moment, on trouve dans la flotte ottomane des commandants de navire dont l'un s'arrête en Crète, croyant arriver à Malte, et dont l'autre prend Santorin pour l'Égypte.

Instruction publique. — A peu près nulle ; des écoles où l'on nasille des versets du Coran. Il y a eu quelques essais estimables à Constantinople pour créer un enseignement un peu élevé. Le seul qui ait réussi, à ma connaissance, est le lycée de Galata-Séraï,

[1] Le tout, bien entendu, construit à l'étranger.

fondation due à l'initiative de l'ancien ambassadeur de France, M. Bourée, et intelligemment soutenue par Aali-Pacha. Elle peut donner de bons fruits. Le directeur, les administrateurs, les professeurs principaux sont des membres de l'Université de France. Je ne parle ici que de l'instruction publique qui relève de l'action gouvernementale turque, sans quoi j'aurais à constater le développement que les communautés grecques, arméniennes et latines donnent à l'enseignement chez leurs coreligionnaires.

Travaux publics. — Ici tout est à faire, et l'action gouvernementale est insignifiante.

La viabilité de l'empire est dans un état pitoyable, au grand détriment de la production agricole et du commerce. Presque tout ce qui a été fait de grands travaux publics est l'œuvre des capitaux et des agents de l'Europe; ainsi les chemins de fer de la

Turquie d'Europe, les voies ferrées d'Aïdin et de Cassabah en Asie Mineure, la route de Beyrouth à Damas, les quais de Smyrne, etc., etc., sont le fait de compagnies étrangères. Les phares, entreprise française et direction française; les télégraphes, de même à leur début; les embryons de service des ponts et chaussées, des mines, des eaux et forêts, étaient également, l'année dernière, aux mains d'ingénieurs et de forestiers français.

Impôts; finances. — Les impôts sont le seul point à propos duquel le gouvernement turc montre un intérêt très-réel, stimule le zèle de ses agents et fasse régner un certain ordre. Malheureusement, c'est de l'intérêt fiscal uniquement qu'il s'inspire. Il exploite le contribuable jusqu'au tuf.

L'impôt foncier se perçoit sous forme de dîmes. Comme il est aux mains de fermiers, il en résulte des abus et des exactions dont souffre l'agriculture et qui ne profitent pas au Trésor. Au lieu de 10 0/0 c'est 15, 20 et 25 que paye le cultivateur. Les dîmiers sont puissants, et ce ne sont ni l'administration ni les tribunaux qui offriraient contre eux des garanties aux contribuables; ceux-ci renoncent donc aux plaintes et aux procès, et ils payent. Comme la rentrée des dîmes s'opère pour partie avant la récolte, le paysan doit emprunter pour se libérer en argent; là intervient une usure de 18 à 30 0/0. Il faut l'immense richesse de sol de ces contrées pour qu'elles ne soient pas mille fois ruinées. J'ai vu des districts cotonniers, où, pendant la guerre d'Amérique, le cultivateur avait pu réaliser d'assez beaux profits, ruinés depuis, en deux années, par les exigences du fisc. — Après la terre, ce sont les bêtes de travail et de ferme, les troupeaux qui payent l'impôt; après la dîme sur le raisin, il y a le droit sur le vin appliqué dans des conditions absurdes pour la production et la circulation.

Dans ces dernières années, on a établi un nouvel impôt sur les constructions rurales et urbaines.

L'impôt personnel existe en Turquie sous le nom de *vergui;* tout habitant mâle paye de 5 à 13 fr. par tête; les chrétiens sont de plus soumis au droit d'*askarié* ou de remplacement du service militaire.

A côté de cela, une série de droits de consommation intérieure, d'octrois et de douanes.

L'administration des douanes et des contributions indirectes est de beaucoup le service le mieux organisé et le plus sérieusement tenu de tout l'Empire. Cela est dû à l'intérêt fiscal qui anime les agents, et aussi, il faut le dire, aux talents réels et à l'activité de Kiani-Pacha, créateur de cette administration et homme d'une réelle valeur.

Cette énumération ne serait pas complète, si nous n'ajoutions aux charges du contribuable le salaire de son clergé et la participation à l'entretien des écoles ou des autres établissements d'intérêt public dont l'État n'a cure.

L'impôt, mal réparti, mal perçu, donne bien 340 millions de francs, auxquels viennent s'ajouter les tributs pour une vingtaine de millions. Avec cela il faut faire face à un budget qui va à 400 millions. Aussi l'équilibre ne s'obtient-il que par des emprunts.

Ajoutons que si l'empire ottoman trouve encore des prêteurs, il le doit à ce que la gestion de ses revenus est en quelque sorte en chartre privée, entre les mains d'une banque qui n'a d'ottoman que le nom, qui est européenne, et particulièrement franco-anglaise par ses capitaux, ses chefs et ses agents, et qui encaisse directement à Constantinople et dans ses succursales la majeure partie des tributs et des impôts.

Tel est le véritable état des choses, que j'ai dû exposer avant de faire connaître mes conclusions.

10 août 1871.

SIXIÈME LETTRE.

TURQUIE (fin).

J'ai exposé dans quelles conditions spéciales se trouve la Turquie; j'ai dit que ces conditions avaient, dès longtemps, créé une situation qui légitime, de la part de l'Europe, une surveillance attentive et une sorte de tutelle protectrice; j'ai raconté comment, depuis plusieurs années, cette tutelle était devenue particulièrement importune aux ministres du Sultan ; je crois avoir démontré aussi, avec quelque clarté; que les progrès intérieurs et l'accroissement de force qu'ils invoquaient pour s'affranchir de ce contrôle laissent encore beaucoup trop à désirer.

Il me reste à signaler les développements qu'a pris, dans le cours de ces derniers mois, la nouvelle politique du Divan, politique caractérisée par ces deux tendances : rejeter au dehors la direction des puissances; miner au dedans les priviléges des Européens.

Les événements de 1870 ont facilité ces allures du gouvernement turc. La France momentanément annulée, et l'Angleterre paralysée en Orient, ce n'étaient certes pas les ambassadeurs occidentaux qui pesaient sur les résolutions de la Porte. Mais quelle en a été la conséquence pour la Turquie? C'est qu'elle a dû, au premier mot, s'incliner devant les volontés de la Russie et mettre, un peu plus tard, sa signature au bas du traité de Londres du 13 mars 1871, lequel a anéanti toutes les garanties matérielles que le traité de Paris de 1856 avait obtenues pour l'empire ottoman. La Russie, libre aujourd'hui de son action dans la mer Noire, relève les fortifications de Sébastopol, agrandit le port militaire de Nicolaïef, et aura bientôt reconstitué sa flotte de guerre; il lui sera possible alors, sous la protection de cette flotte, de jeter en quarante-huit heures un corps de débarquement sur les hauteurs d'Unkiar-Skélessi, où campèrent ses troupes en 1839, en face des palais d'été de la France et de l'Angleterre, à Thérapia.

Ce ne sont pas les règlements sur l'entrée de nuit dans les détroits, ni même les batteries de Kavak, qui pareraient à ce danger. Le péril peut, du reste, n'être pas imminent; mais il n'y a que celui qui s'attend à tout qui ne soit pas surpris, et la Porte fera sagement d'élever des camps retranchés sur les rives d'Europe et d'Asie du Bosphore.

La Turquie a là un avant-goût des résultats qu'elle est en mesure d'atteindre en dehors de l'appui européen. Jouira-t-elle de plus d'indépendance en matière de finances? Quelle peine n'a-t-elle pas eue pour réaliser dernièrement un emprunt de cent quarante-cinq millions de francs! Elle a pu ainsi acquérir, à ses dépens, la conviction que les capitaux et par conséquent la confiance de l'Europe lui étaient aussi indispensables que son aide diplomatique. Néanmoins, elle a continué sa campagne, et vient de la signaler par trois démarches, dont deux ont plus spécialement la France pour objet, et dont la troisième s'adresse à toutes les puissances.

Celle-ci consiste dans la revendication du monopole postal pour le gouvernement ottoman. La France, l'Angleterre, l'Autriche, ont catégoriquement décliné cette prétention, que la Russie, en revanche, semble avoir approuvée, probablement dans l'unique but de se faire, sans danger, bonne position auprès de la Porte. Car, si les intérêts des commerçants ou résidents russes sont assez peu nombreux en Turquie pour qu'on les passe sous silence, il n'est pas à croire que le général Ignatieff ait un vif désir de confier au zèle des postes turques sa correspondance avec les consuls relevant de son ambassade et avec les établissements protégés. L'administration ottomane n'offre pas encore assez de garanties pour qu'on lui remette un service qui touche aux plus sérieux intérêts du commerce et de la politique de toutes les nations en Orient.

Je viens de dire que deux des démarches récentes de la Porte concernaient la France. J'ajoute qu'elles ont un caractère au moins désagréable pour elle.

La première est le désir exprimé, justement au moment de l'arrivée du nouveau représentant de la France, de modifier le cérémonial usité, depuis plusieurs années, pour la réception des ambassadeurs. La proposition est restée sans résultat par suite de l'attitude du corps diplomatique, intéressé tout entier dans la question ; mais l'intention y était, et ce manque d'égards ne doit pas être passé sous silence.

Le second fait est plus grave : il ne s'agirait de rien moins que de la négociation d'un concordat direct entre le Saint-Siége et la Porte, par-dessus la tête de la France. Mgr Franchi, envoyé à Constantinople comme légat du pape, pour régler notamment le différend arménien, qui a déjà deux années d'existence, serait chargé de ces pourparlers. Or, si les détails connus sont vrais, cette négociation, sous couleur de pourvoir aux choses religieuses, n'irait à rien moins qu'à annuler la majeure partie des droits de protection sur les communautés latines dont la France est régulièrement investie depuis des siècles.

Qu'on ne s'y trompe pas, en effet; il s'agit non pas d'intérêts exclusivement religieux, mais au contraire d'intérêts essentiellement politiques. Comme j'en ai déjà exprimé l'avis, la France ne doit pas donner un principe religieux pour étiquette à sa politique en Orient; mais elle ne peut pas davantage se laisser dépouiller du droit de protéger les communautés et les établissements latins; elle exerce ici un véritable droit, une tutelle bienfaisante et nécessaire.

On dira peut-être que l'arrangement à intervenir directement entre le Saint-Siége et la Porte n'a trait qu'à des questions de clergé, à des nominations d'évêques et de patriarches, toutes choses d'Église et où l'intervention de l'État est contraire aux principes de la liberté des cultes. Erreur! toutes ces choses en Orient font essentiellement partie des immunités garanties *politiquement*, sous l'égide de la France, aux communautés latines : les évêques sont élus, les patriarches également. Il y a des églises, des hospices, des écoles, des établissements qui appartiennent à la communauté, et dont l'état est réglé par l'assemblée laïque de la nation. La question ecclésiastique est ici liée à la question civile et politique. La représentation même de la communauté près de la Porte y est impliquée, car le patriarche est lui-même le représentant national officiel. Mgr Franchi et Rome n'ignorent point ces choses, puisque c'est sur une question de ce genre, sur le rejet par la nation catholique arménienne du patriarche Hassoun, que s'est ouvert le différend dont il vient d'être question. — En admettant même (ce qui est plus que douteux) que le concordat ne fût que la reproduction exacte des priviléges accordés aux communautés, il aurait ce majeur inconvénient que la Porte, en s'engageant vis-à-vis du pape, pourrait se croire dégagée vis-à-vis de la France. Or, ce n'est pas la papauté qui, en Orient, pour la protection des Latins, peut remplacer une nation de 35 millions d'âmes. Il est bien certain que le Sultan serait charmé de n'avoir plus affaire qu'au Saint-Siége, et l'on verrait, avant peu, ce que deviendraient les garanties d'un concordat. Y a-t-on réfléchi à Rome, à la Propagande? ou bien n'a-t-on vu que la possibilité de donner au pouvoir spirituel du Pape l'appui du bras séculier du Sultan, dussent les priviléges des communautés latines en pâtir; ce qui ne serait pas très-chrétien?

En tout cas, le gouvernement français n'a pas à favoriser ces errements; je crois qu'il faut combattre énergiquement à Constantinople l'idée du Concordat. Si le Saint-Siége et la Porte passaient outre, la France devrait nettement déclarer qu'elle continuera à s'en référer aux Capitulations, sans admettre qu'aucune tractation en dehors d'elle ait pu altérer la valeur du moindre des droits de protection que ces conventions lui confèrent vis-à-vis des communautés latines.

On a parlé d'un autre incident qui serait encore à l'adresse de la France, d'une velléité de reprendre pied à Tunis; puis on a démenti le départ d'une escadre turque dans ce but. Il n'est pas à douter que la Turquie ne rencontrât, à l'occasion, sur ce terrain, notre péremptoire ultimatum, comme cela lui est arrivé déjà deux fois.

Pour chercher ainsi noise à l'Occident, quelle alliance caresse donc la Turquie? L'alliance russe, paraît-il; et, en effet, les journaux officieux de Constantinople la préconisent hautement. Mais la Porte pense-t-elle que cette intimité, avec son caractère d'exclusion des influences occidentales, puisse lui être bien profitable? A-t-elle songé que les plus sérieux et les mieux préparés des ennemis de l'empire sont les clients de la Russie, la guerrière Serbie, par exemple, et le petit Monténégro, qui lève des bataillons réguliers, les arme de fusils nouveau modèle, et a soin de conserver toujours une bouture de conflit avec la Porte : hier, les blockhaus de la route stratégique, aujourd'hui la délimitation des frontières du côté de l'Albanie?

Ces oscillations d'alliance ne font pas disparaître les dangers possibles, et la Turquie pourra difficilement continuer le jeu qu'elle a joué depuis quinze ans. Convaincus, depuis 1854, que l'Europe allait faire un dogme de la conservation de l'empire ottoman, puisqu'elle n'avait ni les moyens de le remplacer, ni la perspective de s'entendre pour le partager, les hommes d'État de la Turquie se sont sentis maîtres de la situation. Les réformes ont donc été tronquées ou ajournées. Mais si ce calcul a parfois réussi, il pourrait bien avoir fait son temps. Si jamais l'Europe s'accordait à regarder comme avérée l'impossibilité de fonder en Orient, avec la Turquie actuelle, un état de choses permanent et bienfaisant, ne pourrait-elle pas être amenée à aviser au nom des intérêts de la civilisation et au nom des siens propres? Que l'école de Reschid, de Fuad, d'Aali-Pacha y réfléchisse! Les lois sont absolues, mais les moyens de les réaliser sont multiples.

Je n'éprouve aucun sentiment d'hostilité ni même de partialité contre la Turquie. Je ne ferme pas les yeux sur les efforts et sur certains résultats obtenus. Je sais qu'il y a eu, çà et là, intelligence, bonne volonté, honnêteté; je sais que, dans cette loi même des *vilaïets*, que l'on peut qualifier de mauvaise plaisanterie quand elle se donne comme un type de liberté électorale et de partage équitable du contrôle entre les races et les communions diverses; je sais, dis-je, que dans cette loi il y a quelques côtés bons et utiles. Je rends justice à des administrateurs comme Kiani-Pacha, comme le wali de Syrie, Rachid-Pacha, comme le gouverneur général de Chypre, et quelques autres fonctionnaires, malheureusement trop rares.

Je constate l'exécution de certains travaux publics, tels que la route d'Erzeroum à Trébizonde, et celles plus courtes de Larnaca à Nicosie, de Moudania à Brousse. Je signale la création du lycée de Galata-Séraï et d'une sorte d'université à Stamboul. Mais, la plupart du temps, ces améliorations sont dues à des efforts individuels, à des personnalités mieux douées, et non à une impulsion durable. Vienne un autre gouverneur, un autre fonctionnaire, il laisse tout péricliter, et les abus envahissent de nouveau l'administration, et les ronces recouvrent les routes.

Il faut quelque chose de plus sérieux, il

faut de vraies réformes, et *celles-là ne sont possibles qu'à la condition d'emprunter à l'Europe, non-seulement ses idées et ses capitaux, mais ses hommes eux-mêmes, bras et intelligences.*

Là est la vraie question, et, hors de là, tout ne signifiera rien. Oui, il faut, pour que la Turquie se régénère, qu'elle se prête à l'influence civilisatrice de l'Europe au lieu de la rejeter; car l'Europe contient des éléments d'organisation, de prévoyance et d'activité étrangers aux sociétés orientales, et que celles-ci doivent lui emprunter, sous peine de végéter et de mourir. Il faut, pour commencer, que des lois revisées et refaites, des juges instruits, des fonctionnaires contrôlés garantissent la sécurité de tous et rendent possible la résidence, la culture, l'exploitation du sol par l'Européen, lequel apprendra aux régnicoles à tirer parti des immenses richesses naturelles de ces contrées.

Il faut, en même temps, que les hommes politiques de la Turquie se rendent compte que l'administration directe de Constantinople sur une étendue de pays qui va de Bagdad à Widdin, du golfe Persique au Danube, n'est ni possible, ni saine pour l'empire. Une vitalité politique bien plus active, des organes directeurs bien plus puissants, des moyens de communications plus prompts, seraient nécessaires pour une pareille besogne. Il y a donc lieu de décentraliser, de donner l'autonomie à des provinces comme la Syrie, Chypre, la Bulgarie, pour ne pas parler des autres.

L'Europe doit et peut s'associer tout entière à cette œuvre par des conseils fermes, bien que donnés avec égard, par une surveillance active sans être tracassière; à

Constantinople, par ses ambassadeurs; dans les provinces, par ses consuls. Ce rôle sera aisément celui de la France, de l'Angleterre, de la monarchie austro-hongroise, de l'Allemagne, de l'Italie, et je ne vois aucune raison pour que la Russie ne prenne sa part dans ce concours. Ce serait la véritable entrée de la Turquie dans le concert européen, et, dans cette voie, se trouverait la solution pacifique de la question d'Orient.

16 août 1871.

SEPTIÈME LETTRE.

AUTRICHE-HONGRIE.

Il importe à la France de se rendre un compte exact de la situation et de la force de la monarchie austro-hongroise. Les deux pays ont pu se trouver autrefois rivaux et ennemis même; leurs tendances et leurs intérêts opposés l'expliquaient. Sans remonter à d'anciennes luttes, on peut dire que, même sous M. de Metternich et ses successeurs immédiats, on comprenait qu'il y eût antagonisme entre la France et un gouvernement absolutiste, encore inféodé à la Sainte-Alliance, très-mal disposé pour les institutions libérales et constitutionnelles, et qui n'était pas sans nous donner de sérieuses inquiétudes du côté des Alpes. Aujourd'hui les choses ont changé, l'Autriche-Hongrie est un État libre et constitutionnel; plus d'un événement a rompu les vieilles solidarités entre lui, la Russie et la Prusse; enfin, sur les Alpes, ce n'est plus par son ambition que nous pouvons être inquiétés. Aucun intérêt majeur ne nous sépare donc plus de cet empire. Aussi est-ce avec une très-réelle sympathie que nous devons suivre le développement de ses destinées.

La question capitale en Autriche est aujourd'hui une question d'ethnologie ou de race : cet empire, on le sait, est, de tous les États de l'Europe, celui qui renferme le plus grand nombre de nationalités diverses. Or, ces peuples sont juxtaposés ou entremêlés, mais ne se sont pas fondus. Comment donc créer une organisation qui, sans démembrer l'empire, satisfasse tous ces besoins d'existence nationale, tous ces désirs d'administration autonome qui possèdent plus que jamais les différentes races réunies sous le sceptre des Habsbourg? Tel est le problème qui, depuis vingt ans et avec une urgence croissante, sollicite le zèle des hommes d'État de cette monarchie. La solution en est délicate; on va s'en rendre compte.

Sur trente-cinq millions d'habitants que

9.

renferme à peu près la monarchie austro-hongroise, on compte :

Neuf millions d'Allemands;

Seize millions de Slaves, qui se divisent en trois grands groupes politiques, savoir :

Les Tchèques (en Bohême) : trois millions deux cent mille;

Les Galliciens : quatre millions sept cent mille;

Les Slaves du Sud : six millions trois cent mille;

En outre, les dix-huit cent mille Slaves de Moravie et de Silésie, dont le mouvement national se confond jusqu'à un certain point avec celui des Tchèques de Bohême.

Viennent ensuite : *cinq millions et demi* de Madgyars, *deux millions sept cent mille* Roumains, *six cent mille* Italiens, et *un million deux cent mille* Juifs, Tsiganes, Arméniens, etc.

Ces nationalités n'occupent pas chacune un territoire déterminé; elles sont mêlées à peu près partout. Ainsi, les neuf millions d'Allemands ne forment un groupe compacte que dans la haute et basse Autriche, le Tyrol, le Vorarlberg, le Salzbourg et une partie de la Styrie et de la Carinthie; ils sont là un peu plus de quatre millions, et encore, dans le Tyrol, la Styrie, la Carinthie, se trouvent-ils juxtaposées à d'importants éléments italiens et slavons. Ils sont deux millions en Bohême, huit cent mille en Moravie et Silésie, et un million huit cent mille dans le royaume hongrois.

Les Slaves sont également mêlés partout à d'autres races : aux Allemands en Bohême, en Moravie, en Silésie et dans le Sud de l'empire; aux Madgyars, aux Allemands et aux Roumains dans la Transleithanie. Dans les pays mêmes où ils se trouvent le plus compactes, ils sont divisés en familles différentes : ainsi, dans le Sud, il y a les Slovènes, les Croates, les Serbes; dans la Gallicie, contre deux millions trois cent mille Polonais, on chiffre deux millions cinq cent mille Ruthènes, différents des premiers par les traditions et par la langue.

En Hongrie, les Madgyars sont *numériquement* inférieurs aux Slaves, Roumains et Allemands réunis.

Enfin, si les Roumains ont le nombre pour eux en Transylvanie, ils y rencontrent encore cinq à six cent mille Madgyars et plus de deux cent mille Allemands.

On voit par cet exposé quelles difficultés offre, dans la pratique, le problème indiqué plus haut de faire régir chacune de ces races d'après ses traditions propres, et de la faire conduire et administrer par des hommes de son sang, parlant sa langue et ayant ses mœurs. L'ancien système de centralisation allemande et bureaucratique ne pouvait en tout cas y suffire : il a été jugé à ses œuvres et finalement écarté.

Les essais sont venus alors dans la voie des concessions aux diverses nationalités. On a commencé par le dualisme. On sait en quoi il consiste : l'empire est divisé en deux grandes sections : la monarchie autrichienne proprement dite, renfermant toute la portion de l'empire en deçà de la Leitha, — et la monarchie hongroise, composée des provinces transleithanes; toutes deux réunies par l'*union personnelle* sous le sceptre des Habsbourg, ayant un ministère séparé pour les affaires spéciales à chaque groupe, un ministère commun pour les affaires générales de la monarchie *austro-hongroise :* représentation extérieure, guerre, finances. Dans le premier groupe, l'hégémonie était aux Allemands; dans le second, aux Madgyars.

Cela pouvait satisfaire ces deux peuples, mais non pas contenter les autres races subordonnées. Dans le royaume de Hongrie, d'assez sages concessions faites au groupe principal des Croates ont éloigné la crise; mais, dans la partie cisleithane, les revendications des Galliciens et des Tchèques ont été si énergiques qu'il a fallu en tenir enfin un sérieux compte; le dédain ou la roideur de la part de la cour de Vienne eût trop bien fait l'affaire du cabinet de Saint-Pétersbourg. Le ministère Hohenwart s'est présenté alors avec un programme de fédération.

Il s'est mis de suite à l'œuvre et avec résolution, vis-à-vis des deux groupes les plus importants, ceux dont le mouvement national était, soit le plus inquiétant, comme en Bohême, soit le plus sympathique à l'Antriche, comme en Gallicie. Les résultats déjà acquis sont certainement sérieux. En Bohême, l'entente avec les Tchèques paraît s'établir, et l'appui des principaux chefs du parti national, Rieger, Prazak, comte Clam-Martinitz, n'a pas fait défaut aux efforts du comte Hohenwart. En Gallicie, les choses sont encore plus avancées : le comte Goluchowski, un Polonais, vient d'être nommé gouverneur de cette province ; les cours de droit et de philosophie à l'université de Lemberg se feront dorénavant en langue polonaise aussi bien qu'en langue allemande, l'autonomie de cette contrée sera facile à créer, mais les Polonais devront être prudents et réservés, pour ne pas susciter au cabinet de Vienne des difficultés du côté de la Russie, et ne pas marchander aux Ruthènes les satisfactions auxquelles cette moitié de la population gallicienne a droit.

L'attitude de la délégation autrichienne vis-à-vis de la nouvelle politique fédéraliste de l'empire a été sage et patriotique. Les archiducs et les hauts dignitaires du clergé, qui ne siégeaient pas depuis plusieurs années à la Chambre haute, sont venus, dans la session dernière du Reichsrath, apporter aux mesures du cabinet Hohenwart l'appui de leur présence. L'esprit de conciliation a dominé, les budgets ont été votés, et le comte Hohenwart a pu dire, sans soulever d'irritation, que la suprématie dans l'empire appartiendrait aux plus dignes, et que les Allemands ne devraient la conservation de la leur qu'à d'énergiques efforts pour retenir le premier rang par leurs connaissances, leurs aptitudes, leur caractère.

Les budgets votés, la dissolution de la plupart des diètes cisleithanes a été prononcée; toutes sont convoquées pour le

14 septembre. La chambre élective du Reichsrath sera également renouvelée à la même date.

C'est une heure solennelle pour l'Autriche. Dans la discussion des forces militaires, il a été dit *qu'elle ne pourrait plus subir aucune défaite au dehors* : elle ne peut pas davantage faire de nouvelles écoles à l'intérieur ; il faut que l'organisation fédéraliste qu'elle est en train de se donner aboutisse. La tâche est grande et pénible ; mais, divisée, elle se remplit mieux, et les deux parties de la monarchie en ont chacune leur part. Pendant que l'Autriche rallie d'abord les Tchèques et les Galliciens, que la Hongrie satisfasse le plus possible aux légitimes aspirations d'autonomie des Slaves et des Roumains réunis à la couronne de Saint-Étienne ; qu'en même temps le ministère viennois sache doter les provinces allemandes de larges libertés politiques et communales, en dédommagement de l'hégémonie perdue. Les intérêts des deux grands gouvernements de la monarchie sont ici les mêmes; leurs populations allemandes et slaves, si elles ne sont satisfaites par d'équitables accommodements, seront sollicitées, là par l'empire nouveau d'Allemagne, ici par la Russie, et, au milieu de ces attractions en sens divers, disparaîtraient les Habsbourg et la Hongrie.

Il n'y a pas à méconnaître que le véritable lien qui unira cet empire fédéraliste sera d'abord la dynastie. Ce lien a gardé toute sa puissance dans le Tyrol et les pays héréditaires par sentiment; dans la Hongrie, par loyauté et par raison; dans les pays slaves du Sud, par une vieille fidélité militaire; des mobiles analogues peuvent lui donner une force égale dans la Bohême et la Gallicie conciliées. Ce lien détruit, l'empire se dissoudrait et ses fractions s'en iraient partie à l'Allemagne, partie à la Russie. Pour un Français intelligent, et la France fût-elle cent fois républicaine, il faut donc désirer en Autriche la consolidation de la vieille dynastie des Habsbourg. Elle montre, d'ailleurs, une aptitude sérieuse pour un rôle constitutionnel, et l'on trouverait plus d'une analogie entre la monarchie austro-hongroise et la monarchie anglaise; mêmes éléments d'une vieille et riche aristocratie territoriale, mêmes sentiments de loyauté dynastique, mêmes goûts parlementaires, même culte du droit historique. Toutefois, le lien *personnel* du monarque ne serait pas suffisant pour maintenir à lui seul l'union des diverses races de la monarchie; il faut qu'elle s'appuie promptement sur des résultats acquis, sur des bienfaits constatés, sur le développement des autonomies respectives [1].

Après ce coup d'œil jeté sur l'état intérieur de l'Autriche, envisageons ses relations au dehors.

C'est évidemment avec l'Allemagne qu'elles sont le plus délicates. Il est certain que le prince de Bismarck compte sur *cette nostalgie de la patrie*, dont le comte Auersperg parlait dernièrement au Reichsrath, pour voir les populations allemandes de l'Autriche graviter vers le nouvel empire placé sous la direction prussienne; il espère que leurs tendances et leurs mécontentements empêcheront la monarchie austro-hongroise de prendre son assiette sur de

[1] La chute du ministère Hohenwarth, que le télégraphe vient de nous apprendre, éloigne bien ces perspectives, et rouvre pour l'Autriche une ère de complications excessivement graves.

nouvelles bases; il en a pour garant les manifestations viennoises en faveur de la Prusse pendant la dernière guerre, et les espérances qui se sont produites dans la presse et la population allemande au sujet des entrevues d'Ischl et de Gastein. Il est incontestable que le comte de Beust doit compter avec cet esprit national des populations allemandes de l'Autriche, au moment surtout où elles vont perdre l'hégémonie qu'elles conservaient encore dans les pays cisleithans. Mais, de son côté, M. de Bismarck est tenu à des tempéraments dans ses visées et ses démarches; tout ce qui inquiéterait gravement l'Autriche-Hongrie la rapprocherait trop de la France, pour que l'habile chancelier n'use pas de grands ménagements dans sa politique unioniste. L'affectation qu'on met des deux côtés à proclamer des rapports excessivement amicaux indique que l'une et l'autre partie sentent les nécessités que je viens de décrire. Mais ni l'une ni l'autre assurément ne se méprend sur la valeur réelle de ces déclarations. Les entrevues d'Ischl et de Gastein n'ont fait jusqu'ici que démontrer cette situation, sans y apporter d'élément décisif. Tout ce que nous en savons jusqu'ici indique, selon moi, une seule chose : c'est que le comte de Beust sent toute la prudence que lui commande, vis-à-vis de l'Allemagne prussienne, l'évolution excessivement délicate que l'Autriche opère en ce moment à l'intérieur.

Avec la France, les relations de la monarchie austro-hongroise s'inspirent d'une grande courtoisie, d'un intérêt et d'une amitié que je crois très-sincères; les deux pays ont eu, à quelques années de distance, des malheurs et un ennemi communs. Ce n'est pas, à mon avis, le désir qui a manqué à la monarchie austro-hongroise de nous venir en aide dans nos désastres; mais il faut reconnaître les embarras intérieurs et les dangers extérieurs qui l'en empêchaient, et se rappeler qu'en juillet 1870, MM. de Beust et Andrassy avaient fait savoir au cabinet Ollivier-Gramont que l'Autriche ne bougerait pas.

Vis-à-vis de l'Italie, le cabinet de Vienne suit une politique que feront bien de méditer les impatients de notre parti catholique. M. de Beust ne néglige aucun égard vis-à-vis d'une nation de vingt-cinq millions d'âmes, hier encore l'ennemie acharnée de l'Autriche; il refuse de donner suite aux réclamations de l'épiscopat en faveur du pouvoir temporel, pour ne pas intervenir dans les affaires intérieures d'un pays voisin et ami, et il prescrit au baron de Kubeck, *ministre* de Sa Majesté Apostolique à Florence, de suivre à Rome, non pas seulement le roi, mais le ministre même des affaires étrangères d'Italie, ce qui est plus conforme aux us et coutumes diplomatiques.

A l'égard de l'Angleterre, l'entente va de soi et les rapports sont excellents.

Pour ce qui est des relations avec la Russie, M. de Beust constate simplement *qu'elles n'ont pas empiré*, et il paraît compter sur le besoin qu'a cette puissance de consolider son état intérieur pour n'avoir rien à redouter d'elle en ce moment. Je ne crois pas qu'au fond de lui-même le premier ministre de l'empereur François-Joseph se contente de cette assez faible raison, et je pense qu'il fait fond plutôt sur le respect que doit inspirer l'Autriche-Hongrie, devenue, selon ses propres paroles, le *boulevard de la paix*. Certes ce boulevard, appuyé de quelques alliances, pourrait tenir en échec plus d'une ambition; mais c'est à la condition première qu'il soit fort par lui-même. Une belle armée sera donc sa meilleure garantie. Sous ce rapport, on a beaucoup fait depuis 1866.

Les forces militaires actives de l'Autriche présentent aujourd'hui, sur le pied de guerre : 94 régiments d'infanterie de ligne, 540,000 hommes; 51 bataillons de chasseurs, 71,000 hommes; 42 régiments de cavalerie avec les escadrons de réserve et complémentaires, 58,000 hommes; 12 régiments d'artillerie, à chacun desquels on vient d'ajouter une batterie, ce qui portera l'effectif de cette arme à 65,000 hommes et 1,400 pièces de canon (proportion qui n'est pas encore suffisante, à mon avis); 24,000 hommes du génie; 21,000 hommes des équipages militaires; 12,000 soldats et employés d'administration ; 11,000 hommes du corps sanitaire ; 8,000 gendarmes ; 6,000 cavaliers de remonte, etc. En tout, plus de 800,000 hommes.

La flotte compte sept cuirassés, 1 vaisseau et 3 frégates à hélice ; 25 bâtiments à vapeur de rang inférieur, sans parler des navires à voile. Elle disposerait, en cas de guerre, de 15,000 matelots.

Ce sont là de sérieuses ressources, pour l'organisation et l'amélioration desquelles on déploie, dit-on, beaucoup de zèle à Vienne. Et l'on fait sagement ; car, pour tous ceux qui ne se payent pas d'utopies, la force matérielle aura encore quelque rôle à jouer dans les affaires européennes.

24 août 1871.

HUITIÈME LETTRE.

ITALIE.

Depuis douze ans, l'Italie a marché d'un pas tantôt rapide, tantôt lent, à la réalisation de ses aspirations politiques vers l'unité. Sa plus longue halte lui a été imposée par l'attitude du gouvernement français dans la question romaine, et il n'a pas fallu moins que la guerre de 1870 pour écarter cet obstacle quasi insurmontable. On sait que le 20 septembre 1870, au moment où Paris était cerné par les armées allemandes et la France annulée pour le dehors, les Italiens, après une très-légère lutte, prirent possession de la Ville éternelle. Cette question romaine, qui depuis six ans avait dominé toute leur politique et qui avait eu sur la nôtre une influence dont on n'a peut-être pas mesuré encore toute la portée, était résolue dans le domaine des faits.

Ce n'est, toutefois, qu'à dater du 1er juillet de cette année que Rome est devenue réellement la capitale de l'Italie, par la translation dans ses murs du gouvernement, par la venue du souverain, par l'arrivée et la résidence des membres du corps diplomatique, représentants titulaires ou intérimaires de leurs gouvernements. Cet événement, d'une importance décisive, avait été précédé par la célébration du Jubilé auquel donnait lieu le vingt-cinquième anniversaire de l'intronisation du pape Pie IX. C'était là une épreuve des situations nouvelles et comme un premier essai de cette loi des garanties que le Parlement de Florence venait de voter, à l'effet de réaliser l'idée d'une papauté spirituelle indépendante au milieu de Rome italienne. Sans se prononcer sur le mérite absolu de cette combinaison, qui ne pourra être appréciée qu'au bout de quelque temps de durée, on peut dire que les premiers résultats ne lui ont pas été défavorables. A part quelques vociférations malséantes, les députations venues à Rome en juillet dernier pour y offrir au Saint-Père l'hommage de leur vénération, paraissent avoir été plus libres et mieux protégées dans la cité Léonine que les catholiques ne l'étaient au même moment, à Bruxelles et à Madrid, dans la manifestation de leur foi religieuse; et il y a lieu de remarquer qu'un des éléments de cette protection consistait dans la garde nationale romaine, essentiellement unitaire. Depuis, et malgré des excitations inévitables entre des opinions si hostiles l'une à l'autre, le gouvernement italien a été en mesure de maintenir sérieusement l'ordre dans la Ville éternelle.

L'installation de la capitale de l'Italie

à Rome a subi encore une autre épreuve : l'appréciation de ce fait considérable par les divers cabinets de l'Europe. L'adhésion entière des grandes puissances non catholiques, Angleterre, Allemagne, Russie, ne faisait pas doute, et les représentants de ces pays près du roi Victor-Emmanuel ont, en effet, été des premiers à le suivre à Rome. Mais les quatre nations catholiques, la France, l'Autriche, l'Espagne et la Belgique feraient-elles différemment? Accuseraient-elles une désapprobation par quelque signe matériel? Les faits ont répondu. L'Autriche a été la première à prescrire à son ministre à Florence de suivre à Rome le ministre des affaires étrangères d'Italie ; le représentant de l'Espagne s'y est rendu dès le 1er juillet sans que cet acte ait soulevé d'opposition sérieuse dans le pays d'Isabelle la Catholique et de Philippe II ; à Bruxelles, le baron d'Anethan a déclaré au Sénat qu'il ne s'agissait pour la Belgique ni d'approuver ni de désapprouver l'occupation de Rome par les Italiens, mais simplement de résoudre une question de représentation diplomatique, et il a annoncé qu'un ministre serait accrédité à la résidence du roi Victor-Emmanuel.

Restait la France, où la situation du gouvernement ne laissait pas d'être délicate, eu égard aux précédents, et en face d'une Assemblée où l'élément ultramontain n'est pas sans quelque force. Aussi a-t-il mis dans son attitude une nuance désapprobative, et M. de Choiseul, notre représentant à Florence, prenait-il un congé dans les derniers jours de juin, tandis qu'un simple chargé d'affaires suivait à Rome, sans y installer la légation de France à demeure, le comte Venosta.

Mais une attitude n'est pas tout en diplomatie, et elle a généralement besoin d'un commentaire. La conduite de M. de Choiseul a eu presque aussitôt le sien dans le discours prononcé le 22 juillet par M. Thiers. Il s'agissait, on le sait, de la discussion des pétitions de l'épiscopat français réclamant une action plus ou moins dessinée en faveur du pouvoir temporel. Or, le chef du pouvoir exécutif, tout en regrettant les faits accomplis, déclara-t-il nettement qu'il se refusait à compromettre la politique française, non pas dans une action matérielle contre l'Italie, il n'en pouvait être question, mais même *dans des démarches diplomatiques qui seraient de nature à altérer les bons rapports des deux pays;* il entendait en outre ne défendre, avec les autres puissances catholiques, que l'indépendance *religieuse* du Pape, et cela dans les limites tracées par la prudence et le patriotisme.

On conçoit qu'après des déclarations aussi

nettes, l'*Univers*, qui est logique, ait pu s'écrier que tout était *humainement* fini pour le pouvoir temporel. Quelques jours avant le discours de M. Thiers, le comte Visconti-Venosta avait dit, au banquet offert par la municipalité romaine, que l'Italie avait voulu être à Rome, mais qu'elle y serait respectueuse du sentiment religieux et des droits spirituels de la papauté. Depuis, en diverses circonstances, et notamment ces jours derniers, à l'inauguration du tunnel des Alpes, le langage des ministres français a accentué davantage encore cette disposition de notre politique à placer ses rapports avec l'Italie sur le terrain des faits accomplis.

La France n'a pas plus à faire de politique de sentiment ou de théorie en faveur du pouvoir temporel des papes que de propagande en faveur de la révolution cosmopolite. On aurait, je crois, quelque peine à établir qu'elle pût avoir une force d'action sérieuse en Europe, en s'y posant comme l'ennemie des tendances qui portent les peuples à séparer de plus en plus les choses religieuses de celles qui appartiennent au domaine civil et politique. D'autre part, à notre pays si éprouvé, quel patriote intelligent conseillerait d'aller se faire bénévolement un ennemi d'un peuple de vingt-six millions d'âmes? L'Italie est déjà bien assez sollicitée par ses alliés de 1866, nos adversaires d'hier, pour que nous n'aidions pas encore, par des provocations aussi puériles qu'impolitiques, à maintenir et à fortifier les liens qui ont pu l'unir à la Prusse.

Il n'y a ni à exagérer ni à méconnaître les antipathies que certaines opinions, certaines populations nous conservent au delà des monts; mais, au lieu de crier niaisement à l'ingratitude, il serait préférable d'envisager les points de contact qui demeurent entre la France et l'Italie.

Les deux nations méditerranéennes et latines auront encore plus d'un intérêt commun dans les questions d'équilibre dont l'Europe n'est pas quitte; d'autre part, le germe sympathique n'est pas aussi absent entre les deux pays que certains se le figurent; les classes gouvernementales de la haute Italie, l'aristocratie et la bourgeoisie du nord et du centre de la Péninsule n'ont pas, autant qu'on le dit, oublié les services rendus; elles ne méconnaissent ni la grandeur passée ni le rôle à venir de notre pays. Quant au gouvernement et à la diplomatie italienne, ils réservent évidemment leurs sentiments définitifs; c'est leur droit; suivons leur exemple et réservons les nôtres, mais ne créons pas d'avance de malentendus irréparables.

L'Italie est un pays fait ; si elle se fédéralise un jour, comme c'est le désir de quelques-uns de nos hommes d'État, et comme ce me paraît être l'avenir naturel de cette contrée, disons-nous bien que toute campagne plus ou moins avouée contre son unité actuelle ne pourrait que retarder le moment de cette transformation fédéraliste. Toute nationalité menacée se centralise ; soyons éclairés à cet égard par ce qui vient d'avoir lieu pour l'Allemagne, et que nos erreurs passées nous servent au moins d'enseignement pour l'avenir.

Septembre 1871.

NEUVIÈME LETTRE.

ALLEMAGNE.

J'ai dit l'autre jour que la France ne devait plus faire désormais de politique de propagande ou de sentiment, mais avoir une politique d'*intérêts*. Ce mot lui-même demande à être bien compris, et je vais l'expliquer. J'entends, par cette expression, une politique *qui, tout en prenant son point de départ dans l'intérêt seul du pays, ne se fonde pas toutefois sur la négation et le refoulement violent des intérêts des autres nations :* une telle politique, selon moi, n'aurait pas vingt-quatre heures de solidité et de sécurité absolues. Je vais m'arrêter un instant sur cette idée, à propos des rapports de la France et de l'Allemagne.

Que l'Allemagne, depuis des siècles, champ

de bataille de l'Europe entière, foulée par toutes les guerres, trahie fréquemment par ses chefs nominaux du saint-empire romain ou de la maison d'Autriche, dont les intérêts n'étaient pas les siens; que l'Allemagne, composée de peuples de même race, de même langue, de même littérature, de traditions semblables et d'intérêts communs, ait voulu devenir une nation compacte, unie, capable de représentation et de défense, cette volonté était dix-sept fois légitime.

Que la France, voyant ce mouvement s'effectuer sous la direction de la Prusse et revêtir un caractère plutôt unitaire que fédéraliste, plutôt guerrier que pacifique, plutôt offensif, en un mot, que défensif; que la France, dis-je, se rendant compte d'une telle situation, s'inquiétât et posât ses conditions dans un intérêt de sécurité, rien de plus fondé d'autre part.

Ainsi, légitimité du mouvement national de l'Allemagne à reconnaître par nous; légitimité des garanties réclamées à admettre par la Prusse, tels étaient les deux termes vrais de la question, les deux principes dont la satisfaction eût créé entre les deux peuples un ordre international durable.

Ce résultat, on aurait pu l'atteindre, à mon sens, si les destinées de la France avaient été sagement dirigées. On sait que les choses n'ont pas été ainsi. Le gouvernement français d'alors, après avoir laissé faire Sadowa, donna tête baissée dans la guerre de 1870, déclarée d'une façon si insensée, conduite d'une manière si déplorable. Aujourd'hui l'Allemagne est unie et la Prusse dominante au centre de l'Europe.

Mais la satisfaction du vœu national allemand a été poursuivie avec un tel dédain du droit d'autrui que le but est dépassé et que l'Allemagne viole aujourd'hui une de ces lois, méconnaît un de ces intérêts sacrés qu'on ne violente pas impunément : elle démembre la nationalité française. — M. de Bismarck le sait bien, car laissant de côté les sophismes de l'école historique allemande, il a reconnu en plein Reichstag que l'Alsace-Lorraine était devenue française et voulait le rester, et il n'a fondé le droit de l'Allemagne que sur la conquête et la force.

Mais comme le fait brutal ne peut se passer d'un prétexte, il a donné celui-ci : d'après le chancelier de l'empire allemand (discours du 2 mai 1871), « la France depuis trois cents ans a constamment menacé l'Allemagne de conquête; la possession de l'Alsace-Lorraine servira de gage de sécurité contre le renouvellement de ses tentatives. »

M. de Bismarck a une manière de raconter l'histoire qui lui a réussi depuis quelques années, et il en abuse un peu trop vis-à-vis de nous. Il faudrait cependant couler à fond une bonne fois ces accusations qu'on entasse contre la France au nom de l'Allemagne; sans entreprendre une réfutation en règle qui nous mènerait un peu loin, voici ce qu'on peut répondre aux arguments de la diplomatie prussienne :

A une période du règne de Louis XIV, à un moment de celui de Louis XV, de 1806 à 1813, en 1870 enfin, certains États germaniques ont subi les agressions de la France. Y a-t-il là matière à conclure à une hostilité invétérée, à un éternel esprit de conquête de notre pays vis-à-vis de l'Allemagne? A ce titre, nous serions fondés à donner une signification analogue, à l'encontre de la France, à des faits historiques tels que : l'invasion d'Othon IV avec un projet de démembrement qu'arrêta seule la victoire de

Bouvines; les guerres de Charles-Quint en Provence et en Lorraine; la campagne des Prussiens en Champagne, en 1792; ou encore aux revendications de portions de notre territoire par l'école historique allemande, revendications auxquelles les faits présents donnent une réalité que n'eurent jamais les convoitises du Rhin par nos libéraux bonapartistes de 1830!

La vérité est que les deux peuples ont des griefs réciproques à faire valoir. Si, par le fait, les armées françaises parurent plus souvent sur le sol germanique que les armées allemandes sur le territoire français, l'explication n'en est pas dans cet esprit de domination, dans ce plan de conquête que M. de Bismarck nous attribue; elle se tire de causes faciles à indiquer : d'une part, la situation géographique de l'Allemagne au centre du continent européen, exposée ainsi davantage à être le point de rencontre des peuples en lutte; en second lieu, la présence au sein de l'ancien corps germanique de princes comme ceux de la maison d'Autriche, qui, fréquemment en guerre avec la France, engageaient avec eux tout l'Empire et faisaient de l'Allemagne entière un champ de bataille. C'est le sort des confédérations composées d'États faibles, divisés, situés en pays de plaines, d'être exposées à ces sortes de maux, et c'est leur fréquence qui a indiqué à l'Allemagne le remède de l'unité politique.

Rien n'est plus légitime, je le répète, que le mouvement qui a constitué cette unité, et c'était là le terrain d'un accord sincère et solide avec notre pays, le jour où la France aurait eu à la tête de son gouvernement et de sa diplomatie des hommes dignes de conduire ses destinées. Les faits passés l'indiquent : aux traités de Westphalie, à celui d'Aix-la-Chapelle, aux négociations de Bâle sous la Convention ; plus récemment encore, lorsque, par exemple, en 1852, l'opposition de la France empêchait le prince de Schwarzenberg de jeter le poids de 20 millions de Slaves, de Hongrois et d'Italiens dans la Confédération germanique, notre pays manifestait assurément une politique sympathique aux vrais et grands intérêts de l'Allemagne. Voilà toute une série de faits historiques qu'a négligés M. de Bismarck. Il est vrai qu'en les reconnaissant, il lui eût été difficile de justifier la politique dans laquelle il engageait son pays. En effet, c'est en partant de cette donnée *que toute génération allemande était condamnée à tirer l'épée pour se défendre contre la France*, que le chancelier de l'Empire a pu présenter l'annexion de l'Alsace-Lorraine comme une nécessité souveraine ; c'est avec cela qu'il a écarté, comme insuffisantes, les propositions médiatrices de l'Europe sur la base du démantèlement des forteresses et de la neutralisation de l'Alsace. L'avenir prouvera si le prince de Bismarck a réellement choisi le meilleur moyen de réaliser ce qu'il déclare être aujourd'hui le vœu de tout Allemand, « assurer à ses enfants un avenir plus pacifique ».

L'histoire impartiale dira que jusqu'à Sedan le droit dans sa haute signification fut du côté de la Prusse, mais qu'à dater du 17 septembre, où le roi Guillaume et son ministre déclarèrent leur intention de démembrer la France, c'est nous qui pûmes l'invoquer à notre tour. Mais c'était le droit seul et sans force pour l'affirmer; il fut méconnu. Je ne récrimine point; ce serait à la fois humble et puéril, et Dieu me garde de l'un ou de l'autre! J'expose seulement les faits pour l'édification du présent et pour l'enseignement de l'avenir. Je me rends parfaitement compte des impressions qui dirigèrent M. de Bismarck et ses collaborateurs : une aussi belle partie que l'était la leur ne s'abandonne pas. Quoi ! en face de soi un pays sans gouvernement, une armée sans généraux, sans vrais soldats, sans fusils ni canons ; une population sans assiette morale, et avec soi, au contraire, une nation unie et portée par un sentiment puissant, une armée colossalement outillée, bien conduite, prodigieusement victorieuse !

Dans de telles conditions, s'arrêter et ne pas écraser son ennemi eût été vraiment bien absurde... ou bien intelligent, absolument déraisonnable... ou profondément sensé. L'empereur Guillaume et son premier ministre n'ont pas hésité entre les deux manières de voir, ils ont poussé âprement leurs avantages jusqu'aux dernières limites, comme faisaient leurs généraux et leurs soldats dans nos villes, méthodiquement pillées. — Ils ont continué la guerre après Sedan, battu nos armées improvisées et fait tomber Paris. Alors ils ont mis le couteau sur la gorge de la France, ont exigé son démembrement et l'ont saignée de son argent aux quatre veines [1].

Tels sont les faits, et, si je les rappelle, ce n'est pas pour raviver entre les deux pays des haines dont je voudrais, pour ma part, prévoir l'extinction; c'est parce qu'il faut

[1] Le traité de Francfort nous fait payer cinq milliards; les réquisitions et consommations des armées allemandes à l'intérieur de la France montent à peu près à un milliard. Il ressort des déclarations officielles du prince de Bismarck que les frais de la guerre ont grevé l'Allemagne d'un milliard de dépenses extraordinaires. En admettant que le montant des réquisitions ait servi en entier aux dépenses militaires des Allemands, il reste donc à l'Allemagne *un bénéfice net de quatre milliards.*

bien partir de ce qui est, de ce qui a été créé par la volonté des chefs politiques et militaires de l'Allemagne, à savoir, une situation abusive, anormale comme point de départ forcé des relations entre les deux États. C'est une loi naturelle que l'arbre donne son fruit, et, malgré les articles sympathiques à la réorganisation de la France qu'on rencontre parfois dans les journaux officieux de Berlin, M. de Bismarck ne fera pas que le traité de Francfort contienne en germe la tendresse et l'union de la France et de l'Allemagne. Je sais que celle-ci croit pouvoir s'en passer à merveille et qu'elle cherche à s'arranger en conséquence ; mais tout arrive, tout change en ce monde. Or si, comme j'en ai l'espoir, notre pays se relève, il n'y aura en Europe, d'ici à peu de temps, que trois grandes puissances continentales bien assises : la France, l'Allemagne et la Russie. Qui sait si le prince de Bismarck ne regrettera pas alors d'avoir dressé entre les deux nations un passé trop difficile à oublier?

Mais je n'ai pas mission de prophétiser; j'ai voulu seulement aujourd'hui établir la situation telle qu'elle résulte pour la France et pour l'Allemagne du traité de Francfort; elle est caractérisée par l'abus de la force et par la violence faite à un intérêt qui n'abdiquera pas. Toutes les bonnes volontés des hommes d'État des deux pays, tout le désir d'oublier les rancunes se heurteront à ce fait irréparable : le démembrement de la France. Et que fallait-il donc faire? diront les vainqueurs. Voici ma réponse : Il fallait demander de l'argent, le démantèlement des places, et convenir, pour l'Alsace et le grand-duché de Bade, d'un *modus vivendi* qui eût éloigné de ces deux contrées, *à per-*

pétuité, toute garnison, tout camp, tout arsenal; la sécurité de l'Allemagne devenue puissance une et militaire de premier ordre, n'eût eu rien à redouter d'un tel arrangement, et au lieu d'un abîme, c'eût été un pont entre les deux nations.

16 septembre 1871.

DIXIÈME LETTRE.

ALLEMAGNE (fin).

En dehors de la nouvelle situation que la dernière guerre a créée entre l'empire germanique et la France, situation que j'ai essayé d'exposer dans ma dernière lettre, il est deux autres questions qui figurent au premier rang dans la politique actuelle de l'Allemagne : ce sont, d'une part, l'unification de l'Empire, qui n'est pas une œuvre parachevée, et, d'autre part, l'établissement, sur un nouveau pied, des relations avec la monarchie austro-hongroise. L'étude de ces deux points sera l'objet de cette lettre.

L'unification de l'Allemagne ne se borne plus seulement aujourd'hui aux mesures à prendre pour resserrer les liens des États du Sud, Bade, Bavière, Wurtemberg, avec le pouvoir central ; elle s'est compliquée d'une entreprise plus grave et plus difficile, l'introduction de l'Alsace-Lorraine comme partie intégrante dans le nouvel empire. C'est là une question qui touche la France à plus d'un titre, et dont les développements méritent d'être suivis par elle avec la plus sympathique attention.

M. de Bismarck a mis dans ses procédés vis-à-vis de nos anciennes provinces tout le tact et toute l'habileté dont il n'est plus à donner des preuves. Il a senti, et il l'a dit lui-même, que, principal auteur des circonstances qui avaient détaché de nous ces parties de notre territoire, une responsabilité pesait sur lui quant à leur sort et à leur avenir dans l'empire allemand. Il a su même, avec une sincérité dont je ne me fais pas juge, donner ce sentiment comme raison principale de son désir de conserver quelque temps encore la direction des affaires[1]. Examinons les résultats qu'il a obtenus jusqu'ici.

L'organisation de l'Alsace-Lorraine fut un des premiers objets qui, dès la fin de la guerre, s'imposèrent à l'attention des gouvernants de Berlin. Déjà depuis sept mois l'administration allemande fonctionnait dans ces pays; leur cession venait d'être consentie

[1] Discours du 25 mai 1871 au Reichstag.

par la France à Versailles et à Bordeaux; il s'agissait donc de prendre des mesures pour leur incorporation définitive à l'Empire. Le principe même de cette incorporation ne faisait naître aucune hésitation au sein du Parlement de Berlin, mais il y avait plusieurs manières de l'effectuer : l'Alsace-Lorraine serait-elle simplement annexée à la Prusse? ou serait-elle partagée entre les divers États confédérés? ou formerait-elle un État particulier dans l'Empire? et, dans ce cas, quel serait son statut personnel?

Ces éventualités ne pouvaient laisser indifférents nos anciens compatriotes, et ils étaient intéressés à faire connaître leurs vœux à Berlin pour telle solution de préférence à telle autre. Le 16 avril, une assemblée des maires et des notables des provinces cédées se réunit à Strasbourg, sous la présidence de M. Klein, adjoint, faisant les fonctions de maire. Les sentiments et les idées qui s'y firent jour peuvent se résumer ainsi : « Les sympathies des Alsaciens-Lorrains et leurs cœurs *restaient avec la France;* mais il y avait un fait pertinent qu'ils *étaient forcés,* tout en le déplorant, d'envisager comme point de départ de leur situation actuelle : la cession de leur pays à l'Allemagne. Dans ces conditions, leur but devait être de lutter pour sauver du naufrage la personnalité alsacienne, *nationalité plus petite dans la grande patrie dont ils venaient d'être détachés. Etre et rester* Alsaciens, tel était donc le seul programme qu'ils pussent adopter et chercher à faire prévaloir. » Ce fut dans ce sens que s'exprimèrent à Berlin les délégués choisis par l'assemblée de Strasbourg.

La résolution des Alsaciens était la seule sensée et pratique : M. de Bismarck sentit qu'il fallait tenir compte de leur vœu, si français qu'il demeurât au fond des choses, et le rapport fait par M. de Mittnacht, au nom du conseil fédéral, devant le Reichstag, conclut à conserver à l'Alsace-Lorraine son autonomie comme province immédiate de l'Empire. Le chancelier jugea même qu'il fallait entrer sincèrement dans le sentiment des Alsaciens, si l'on voulait avoir quelque chance de les gagner à l'Allemagne; et dans la séance du 2 mai il s'exprimait ainsi : « Nous donnerons à l'Alsace et à la Lorraine l'autonomie, et elles atteindront, avec des institutions allemandes, jusqu'à l'idéal qu'elles n'avaient pu réaliser sous le gouvernement français »; et le 25 mai : « Les Alsaciens sont particularistes et se sentent avant tout Alsaciens », disait-il. — M. de Bismarck se fit donc, dans les discussions qui eurent lieu au sein du Parlement, l'avocat des Alsaciens-Lorrains, le défenseur chaleureux de leur autonomie, qu'on était peut-être disposé à leur contester. Et si nous étions au temps des Wallenstein et des Bernard de Saxe, on pourrait croire de sa part à une arrière-pensée de se ménager, pour l'avenir, une souveraineté indépendante sur les bords du Rhin.

La loi du 3 juin 1871 a fait prévaloir les vues que soutenait le chancelier : elle incorpore *à jamais* (?) l'Alsace-Lorraine à l'Allemagne; mais la constitution de l'Empire n'y sera mise en vigueur qu'au 1er janvier 1873 (ce fut le seul échec du comte de Bismarck, il avait demandé la date plus reculée du 1er janvier 1874) ; le pouvoir exécutif appartient à l'Empereur; jusqu'à la mise en vigueur de la constitution, le pouvoir législatif est exercé par l'Empereur, assisté du conseil fédéral, etc. En résumé, l'Alsace-Lorraine relève directement de l'Empire;

c'est là une situation spéciale dont, comme le disait M. de Mittnacht dans son rapport, il n'existe pas de *type* dans la Confédération; mais l'importance qu'on attachait à se concilier les nouveaux annexés valait bien qu'on créât un exprès pour eux. Ce qui domina dans toute cette affaire, ce fut donc le désir d'être agréable aux Alsaciens-Lorrains, de se les attacher par tous les ménagements, toutes les concessions compatibles avec le fait de leur incorporation politique à l'Allemagne.

Quelle influence ces procédés ont-ils eue sur les sentiments de ces deux provinces ? Les faits suivants vont répondre.

En toutes circonstances, à Strasbourg, à Metz et dans d'autres villes des départements cédés, les populations ont manifesté publiquement leurs sentiments français, avec une spontanéité sur laquelle il n'y a pas à se méprendre ; elles ont accentué par des faits les paroles de leurs délégués ; cela a même été jusqu'à des rixes et des conflits avec des soldats allemands, qui ont nécessité pendant quelque temps, à Strasbourg et à Mulhouse, de rigoureuses mesures de la part de l'autorité militaire. La jeunesse du pays a émigré dans une proportion sérieuse. Aux élections municipales, l'abstention a été le mot d'ordre, surtout dans le Haut-Rhin ; dans les villes qui ont cru devoir, pour la sauvegarde des intérêts communaux, élire des conseillers, les choix ont porté exclusivement sur des personnes connues par leurs sentiments français et libéraux.

Ces tendances peu germaniques, le gouvernement allemand a cherché à les combattre par divers moyens. Tantôt il a fait mettre dans ses journaux des articles comminatoires, comme celui qu'insérait, le

1er juillet, le *Journal officiel de Strasbourg,* rappelant aux Alsaciens que l'indulgence montrée vis-à-vis d'eux n'exclurait pas au besoin la fermeté pour les contraindre à accepter, sinon avec sympathie du moins avec résignation, les conséquences de leur nouvelle situation. D'autres fois, c'étaient les concessions que l'on faisait valoir : la levée n'aurait pas lieu en 1871, et ceux qui useraient de la faculté d'opter jusqu'en 1872 pour la nationalité française ne seraient pas, l'année prochaine, passibles du service militaire. Enfin, le gouvernement de Berlin présentera, sans doute comme une défense des intérêts des Alsaciens, le traité qu'il négocie en ce moment avec la France pour leur conserver quelque temps encore le débouché de notre pays, bien que ce soit certainement l'intérêt des manufacturiers allemands qui se trouve le plus en jeu dans cette question. Malgré tout, menaces ou tendresses, il n'y pas à s'y méprendre, et le chancelier s'y trompe moins que personne, l'Alsace-Lorraine opposera de fortes résistances à la germanisation.

Je sais que M. de Bismarck compte gagner les campagnes à défaut des villes ; mais la force politique, la richesse et l'influence résident dans ces dernières, et ce n'est pas en Alsace qu'on pourra créer des antagonismes semblables à ceux qui divisèrent, en 1845 et en 1848, les populations rurales et urbaines de la Gallicie et du grand-duché de Posen.

Quant à nous, faisons notre profit des paroles du prince de Bismarck, répétées par l'empereur Guillaume à la clôture du Reichstag : « Que l'on gagnera l'Alsace-Lorraine par le développement libéral de sa législation. » Présentons à nos anciens compatriotes l'exemple d'un pays ferme, sensé, prospère, où toutes leurs aspirations puissent se trouver mieux satisfaites que partout ailleurs, et que la France demeure pour eux non pas *la* grande nation, ce qui est une fanfaronnade hors de mise, mais *une* grande et libre nation.

Dans les anciens États, l'unification ne se heurte pas aux mêmes difficultés qu'en Alsace et en Lorraine; elle a pu, dans ces derniers mois, porter à son actif les circonstances suivantes : Bade [1], qui avait déjà incorporé son contingent dans l'armée prussienne, a décidé pour le 1er novembre de cette année

[1] Le grand-duché de Bade s'est distingué jusqu'ici par un zèle pour l'unification qui se comprenait davantage avant 1870, lorsque, pouvant se croire le premier menacé par l'empire napoléonien, il se serrait contre la Prusse; aujourd'hui cette passion prussienne paraît plus bizarre, et elle est peut-être plutôt le fait de la famille régnante que du pays lui-même.

la suppression de sa représentation particulière à l'étranger; la Bavière vient de rappeler ses ministres à Paris, Londres, Bruxelles et près des petites cours allemandes : elle annonce la suppression de ses consulats; la Hesse-Darmstadt et le Mecklembourg renoncent à leur autonomie militaire, et il n'y aura plus dans l'Empire que la Saxe, la Bavière, le Wurtemberg et le Brunswick qui conserveront leur cocarde nationale, l'administration de leurs contingents, et la nomination des officiers par le souverain respectif. Les entrées triomphales, présidées par l'empereur Guillaume ou par le prince royal de Prusse, en même temps prince impérial d'Allemagne, à Berlin, à Munich, à Hanovre, ont accentué cette nouvelle étape de l'hégémonie prussienne. Celle-ci a cependant rencontré quelque opposition : à Hanovre, où le conseil municipal a refusé de voter des fonds pour l'entrée solennelle des troupes; en Bavière, ou le parti catholique ultramontain accentue ses tendances particularistes; dans le Parlement même enfin, où une fraction non insignifiante a arboré ce même drapeau fédéraliste et catholique, ce qui, par parenthèse, a donné lieu, si on se le rappelle, à un assez singulier procédé du gouvernement de Berlin vis-à-vis du Saint-Père.

Dans le parti des infaillibilistes, dans ses tendances, M. de Bismarck a vu une menace pour la réalisation de son œuvre de l'unité allemande, et il lui a nettement déclaré la guerre. Il n'y a pas à contester qu'il n'ait agi avec habileté et avec une certaine intuition de l'avenir et du courant des esprits en Allemagne en appuyant le parti des *vieux catholiques*. La politique de Berlin a dicté celle de Munich; le premier ministre bavarois, le comte de Bray, infaillibiliste et légèrement particulariste, a été remplacé par un président du conseil plus hostile à Rome et plus sympathique à Berlin. La vérité semblerait devoir résider, en Bavière, dans un parti défenseur a la fois de l'autonomie politique et de la liberté religieuse, et nous aurions plaisir à le voir naître; mais les choses dans le monde ne vont pas avec cette logique, et il est à craindre que le mouvement qui repousse les idées ultramontaines ne revête en ce pays un caractère unitaire et prussien.

Ainsi, tandis que la ténacité de l'Alsace-Lorraine dans ses sentiments français cause à M. de Bismarck plus d'un souci, il a quelque sujet de considérer avec satisfaction le progrès de ses plans d'unification dans les autres parties de l'Empire.

Mais l'entreprise capitale de la politique prussienne dans ces derniers mois a certainement été la négociation de nouveaux rapports avec la monarchie austro-hongroise, et c'est par quelques mots sur ce sujet que je terminerai cette lettre.

La Prusse a brisé à Sadowa la puissance de l'Autriche, et ce sont de ces choses qu'une dynastie et un pays n'oublient pas facilement. Je ne croirai pas, pour mon compte, que ce soit la bonne volonté qui ait manqué à l'Autriche de nous venir en aide l'an dernier; mais elle était surveillée par la Russie, qui rendit alors à la Prusse le service que l'on sait; elle était de plus menacée de désagrégation à l'intérieur par les tendances diverses de ses populations, tendances que la guerre eût amenées à une explosion : elle garda la neutralité.

Le triomphe de l'Allemagne sur la France

rendit encore plus nécessaire au comte de Beust une politique d'apaisement à l'intérieur et de sage temporisation vis-à-vis de l'adversaire qu'il avait combattu avec tant d'énergie lorsqu'il était premier ministre en Saxe. Aussi, en toutes circonstances, notamment lors de la discussion du budget dans les Chambres cisleithaniennes, s'est-il appliqué à parler dans les meilleurs termes des sentiments de la monarchie qu'il dirige à l'endroit du nouvel empire allemand, et à présenter leurs relations actuelles comme *excessivement amicales*. (Discours des 16 juin et 16 juillet.)

M. de Bismarck, de son côté, avait fait ses calculs et ses réflexions, et les journaux officieux de Berlin recevaient l'ordre de se montrer aussi sympathiques que possible à l'Autriche. Ils exprimaient chaque jour leurs vœux pour le succès de sa réorganisation intérieure, et paraissaient témoigner d'un désir sincère de voir la monarchie des Habsbourg reprendre une force réelle, l'union des deux empires devant, disaient-ils, *déjouer tous les projets de vengeance de la France.*

Mais cette union n'était encore qu'à l'état de vœu; elle ne résultait que d'articles de journaux et de discours de tribune; il fallait lui donner une base plus positive et surtout plus apparente. C'est alors qu'eurent lieu successivement l'entrevue d'Ischl, les conférences de Gastein, et, en dernier lieu, la réunion de Salzbourg.

C'est le 12 août que les empereurs d'Allemagne et d'Autriche se sont rencontrés à Ischl; c'est le 6 septembre qu'ils se sont revus à Salzbourg pour prendre congé l'un de l'autre : dans l'intervalle, les deux souverains se sont retrouvés à Gastein, et leurs ministres s'y sont vus fréquemment. Qu'est-il résulté pour les rapports des deux empires de cette villégiature politique? La *Gazette de la Croix*, qui a été en quelque sorte le *Moniteur* de ces entrevues, nous servira à l'indiquer.

Le 24 août, elle annonce qu'il s'est produit entre les deux empereurs et les deux premiers ministres « un accord de bon augure sur les principes et les appréciations de la situation générale de l'Europe » ; mais, comme si elle sentait déjà que cet accord demeurera fort vague, elle prémunit son public contre des appréciations exagérées, en ajoutant « qu'on ne prévoit pas que cette entente doive se traduire par des conventions ». Ce qui revient à dire, dès le début, qu'il n'y aura pas d'agissements en commun sur des points déterminés.

Les 2 et 3 septembre, la *Gazette* dit que « les pourparlers n'ont d'autre but que de réaliser, dans l'intérêt de la paix, une entente aussi complète que possible entre les États dont le commun accord a été, de tout temps, considéré comme la plus sérieuse garantie de la tranquillité générale ». Évidemment la France n'est plus, aux yeux de la *Gazette de la Croix*, un des États dont le concours soit important pour la paix de l'Europe; en revanche, la mention doit comprendre l'Italie, qui aurait, dit-on, reçu de Gastein des assurances et des garanties. A côté de cela, une phrase de l'article révèle quelques inquiétudes inspirées à la Russie par cet étalage d'intimité entre les deux cours impériales :

« Des explications satisfaisantes seront données aux puissances à qui l'entrevue de Gastein a pu causer des appréhensions. — La Prusse se chargera d'expliquer à la Russie l'esprit dirigeant de la politique autrichienne; elle préparera le terrain à des explications conciliantes et directes entre les deux gouvernements. »

Le 6 septembre, au moment de la réunion de Salzbourg, la feuille berlinoise dit que les deux cabinets se sont entendus « pour examiner en commun toute question extérieure qui surgirait, et pour prendre à l'occasion des mesures contre l'Internationale ». Laissons de côté l'Internationale, qui n'a l'air de figurer ici que comme prétexte ou à titre d'accessoire, et cherchons ce que peut signifier *cette entente pour examiner en commun toute question extérieure.* Comment aura lieu cet examen? Évidemment on ne réunira pas à chaque instant des conférences pour traiter entre les deux États tous les faits politiques qui naissent chaque jour en Europe.

Cet examen se fera donc par la voie diplomatique, par des notes et des dépêches; dès lors, quelle valeur a cet engagement *d'examiner en commun* les questions? Qu'est-ce qui empêchera le comte de Beust, tout en les traitant avec le prince de Bismarck, d'échanger en même temps ses vues plus ou moins intimes sur les mêmes sujets avec les cabinets de Paris ou de Londres? On le voit, ces programmes d'entente sont chose fort vague.

Enfin, le 9 septembre, la *Gazette de la Croix,* résumant le résultat des négociations de Gastein et de Salzbourg, le définit ainsi :

Étroit rapprochement de l'Autriche et de la Prusse pour s'opposer à toute agression, de quelque côté qu'elle vienne;

Déclaration par l'Allemagne du prix qu'elle attache au maintien d'une Autriche intacte et forte;

Démonstration par l'Autriche que l'union avec l'Allemagne n'est pas seulement le vœu du souverain, mais celui du pays et des hommes d'État qui dirigent la monarchie.

Certes, il est incontestable, au sens littéral des mots, qu'un rapprochement s'est opéré entre les deux empires ; mais est-il aussi étroit que le dit l'organe des féodaux de Berlin ? Dans quelles conditions s'est-il effectué ? Quel caractère revêt-il ? Voilà ce dont il est bon de se rendre compte.

Il est d'abord évident que c'est M. de Bismarck qui a pris l'initiative de ce rapprochement; il était donc premier intéressé. Il serait présomptueux de prétendre connaître, d'une façon absolument précise, les motifs qui déterminent la conduite d'un homme d'État; mais on ne s'écartera probablement pas beaucoup de la vérité en supposant que le chancelier de l'Empire germanique pense à assurer solidement les résultats considérables qu'il a récemment obtenus, plutôt qu'à courir, sans reprendre haleine, à de nouvelles acquisitions; en deux mots, qu'il préfère se garantir contre toute revanche possible de la France plutôt que de chercher à annexer encore à l'empire qu'il a fait les neuf à dix millions d'Allemands de l'Autriche. Voilà, je crois, le point de vue qui a amené M. de Bismarck à faire des avances à la monarchie des Habsbourg, pour qu'elle n'allât pas joindre un beau jour ses huit cent mille soldats aux forces réorganisées de la France.

Ces avances, l'Autriche ne pouvait ni ne devait les décliner : menacée sur son flanc droit par la Russie, en face par l'empire allemand, elle avait tout intérêt à s'assurer le temps nécessaire pour la grave évolution intérieure qu'elle accomplit. Pour moi, l'attitude de l'Autriche dans ces derniers temps a été dominée par ces considérations; elle a accepté les propositions d'amitié de M. de Bismarck, et elle en tire pour l'instant sécurité quant à la propagande germanique; bons offices et presque protection vis-à-vis de la Russie et de la propagande slave. A mon sens, l'Autriche reçoit beaucoup plus qu'elle ne donne; elle profite de la situation d'esprit actuelle du chancelier d'Allemagne, mais elle ne se livre pas. Si je ne me trompe, la France n'a pas à se préoccuper outre mesure du rapprochement si pompeusement préparé et si bruyamment annoncé entre les vainqueurs et les vaincus de Sadowa.

28 septembre 1871.

FIN.

TABLE.

EN VENTE A LA MÊME LIBRAIRIE

PARIS. TYPOGRAPHIE HENRI PLON, RUE GARANCIÈRE, 8

www.ingramcontent.com/pod-product-compliance
Ingram Content Group UK Ltd.
Pitfield, Milton Keynes, MK11 3LW, UK
UKHW012220240726
13966UKWH00003B/865

9 782011 913975